RESEARCH ON ECONOMIC THOUGHT

主 编 王立胜
执行主编 周绍东

经济思想史研究

⊙ 胡怀国 探寻中国特色社会主义政治经济学的思想史基础

⊙ 孙小雨 一般利润率趋于下降的理论史：置盐定理的提出及其回应

⊙ 陈慧女 陈盈 改革开放40年中国区域发展战略的演化与变迁

⊙ 王松 新时代中国特色社会主义生产关系的改革方向

⊙ 余云辉 法国经济兴衰对中国摆脱经济困境的历史启示

⊙ 许光伟 主体社会与知行合一：王阳明学术思维研究

⊙ 刘伟杰 前南斯拉夫社会主义自治制度研究评述

山东城市出版传媒集团·济南出版社

图书在版编目(CIP)数据

经济思想史研究. 第 1 辑/王立胜主编. —济南:
济南出版社,2019.6
ISBN 978 – 7 – 5488 – 3690 – 2

Ⅰ. ①经⋯　Ⅱ. ①王⋯　Ⅲ. ①经济思想史 – 研究 – 世
界　Ⅳ. ①F091

中国版本图书馆 CIP 数据核字(2019)第 083037 号

出 版 人　崔　刚
责任编辑　郑　敏　陈玉凤
封面设计　侯文英

出版发行　济南出版社
地　　址　山东省济南市二环南路 1 号(250002)
发行热线　0531 – 86131728　86922073　86131701
印　　刷　济南乾丰印刷有限公司
版　　次　2019 年 6 月第 1 版
印　　次　2019 年 6 月第 1 次印刷
成品尺寸　185mm × 260mm　16 开
印　　张　10.25
字　　数　200 千
印　　数　1—2000 册
定　　价　48.00 元

(济南版图书,如有印装错误,请与出版社联系调换。联系电话:0531 – 86131736)

《经济思想史研究》工作委员会

卷 首 语

　　中国特色社会主义道路,具有无比广阔的时代舞台,具有无比深厚的历史底蕴,具有无比强大的前进定力。习近平总书记指出:"要立足我国国情和我国发展实践,揭示新特点新规律,提炼和总结我国经济发展实践的规律性成果,把实践经验上升为系统化的经济学说,不断开拓当代中国马克思主义政治经济学新境界。"这里所指的经济学说的"系统化",不仅是指经济学理论本身的"系统化",还包括更为广泛的经济学说的"系统化",在这一庞大的学说体系中,经济史和经济思想史占据了重要地位。

　　经济学的"每个原理都有其出现的世纪",经济学是理论的一般性和历史的特殊性的结合。长期以来,经济史和经济思想史都被看作是理论经济学下属的二级学科,经济史和思想史方法都被看作是经济学研究多种方法中的一种,仅此而已。实际上,经济学、经济史学和经济思想史是融为一体的,经济史就是过往的一切经济现象和经济问题,而经济思想史就是对过往的这些经济现象和经济问题的研究。"一切历史都是思想史",历史是历史学家们思想的反映,这就进一步揭示了经济思想史在经济学研究中的重要作用和突出地位。

　　正是在这样的背景下,《经济思想史研究》应运而生。从刊文导向上来看,本刊主要刊载经典马克思主义政治经济学思想史、西方经济学思想史、中国古代和近代经济思想史以及当代中国经济学说等相关领域的研究成果,也正是出于兼容并包的考虑,本刊名称中的"经济学"应作广义层面的理解。

　　人事有代谢,往来成古今。推动中国特色社会主义事业的发展,必须以史为鉴,辩证地看待我国社会主义经济建设中取得的成绩和遭受的挫折,并把这些宝贵的历史经验吸纳到学术研究的最前沿。这就需要史学界和经济学界携起手来，以高质量的学术作品作为沟通方式，以高质量的期刊平台作为传播路径，以高质量的文献引用作为交流语言，由此打造"凝聚中国气质、彰显中国风格、饱含中国智慧"的经济学学术体系、学科体系和话语体系。以上，也就揭示了本刊的创刊宗旨。

目　录

探寻中国特色社会主义政治经济学的思想史基础

——"新时代"如何改进我们的经济思想史研究

胡怀国

摘要：经济思想史的相对衰落有多方面的原因，一方面是社会急剧转型时期急功近利的学术环境大大提高了经济思想史研究的机会成本，另一方面也与我们对经济思想史的不准确理解有关。本文认为，探寻中国特色社会主义政治经济学的思想史基础是我们所面临的时代课题在理论经济学和经济思想史领域的学术投射，经济思想史研究应该而且能够做出更大的学术贡献。我们需要以更开放的心态、更开阔的视野、更扎实的功底，对经济思想史上有关经典文献的时代背景、人物生平、重大事件做更充分的挖掘，对经典文献与时代课题之间的互动关系做更深入的分析，这样不仅有助于深化我们的经济思想史研究、增进经济思想史课堂的趣味性和启发性，而且有助于为新时代中国特色社会主义政治经济学理论体系的发展完善提供更丰厚的学术滋养和学科贡献，并在这一过程中重振经济思想史学科本身。

关键词：经济思想史；政治经济学；新时代

20 世纪 90 年代，笔者曾在北京大学经济学院学习经济思想史专业，对经济思想史及研究状况有一定了解，工作后主要从事理论经济学研究，其间始终对经济思想史抱有深厚情感，并对近年来经济思想史专业的相对衰落多有感慨。

北京大学曾是理论经济学和经济思想史的教学科研重地，早在19世纪末20世纪初"京师大学堂"时期即开设有理论经济学课程，1912年改名国立北京大学之初即建有经济学门（系），1952年院系调整后更是会聚了马寅初（1914年哥伦比亚大学博士）、陈岱孙（1926年哈佛大学博士）、赵逎抟（1929年哥伦比亚大学博士）、罗志如（1937年哈佛大学博士）、徐毓枬（1940年剑桥大学博士）等一大批学贯中西的经济学前辈。

然而，我们不得不承认，包括北京大学在内的国内诸高校的经济思想史专业，近年来整体上呈现出不断衰落甚至边缘化的趋势，其中既有大变革时代整个社会略显浮躁的外部因素，又有该专业自身存在的内部原因，亦与缺乏专门的经济思想史期刊有关。迄今，国内仍然没有专门的经济思想史期刊，在当前的学术环境下严重制约了经济思想史的学术交流、人才培养和梯队建设。2018年8月，闻悉中国社会科学院和武汉大学拟合作创办《经济思想史研究》期刊，由此引发了笔者对新时代如何改进经济思想史研究的思考。就此而言，《经济思想史研究》创刊意义重大，不仅有助于推进经济思想史本身的研究和学科建设，而且能够为理论经济学的进步乃至中国特色社会主义政治经济学的发展完善，提供更丰厚的学术滋养。值《经济思想史研究》创刊之际，笔者愿借期刊一角，简单谈点个人对经济思想史的浅陋理解，并结合斯密、马克思等经典作家的经济思想史研究和政治经济学体系创新，探讨经济思想史研究对构建中国特色社会主义政治经济学的重要意义，以及"新时代"应如何改进我们的经济思想史研究。

一、 如何理解经济思想史

如果从亚当·斯密1776年出版《国富论》算起，现代经济学已有近两个半世纪的历史，政治经济学史上的不朽经典《资本论》（第一卷）亦出版了150余年。此后，经济学获得了较为迅猛的发展，逐渐成长为哲学社会科学的一门"显学"，200余年来涌现了大量的经典文献。这些经典文献，伴随着人类社会的经济发展和社会进步，见证了经济学界对不同经济发展阶段重大问题的理论思考，不仅是人类社会的宝贵财富，而且是经济思想史适宜的研究对象。常理而论，随着现代经济学持续取得进展、经典文献日积月累，经济思想史的适宜研究对象日渐丰富，该学科应该日趋繁盛才是。但令人遗憾的是，现实中的经济思想史专业，似乎整体上呈现出了衰落之势。越来越多的学生把经济思想史的学习视为一种负担，能够刊发经济思想史论文的期刊越来越少。经济思想史研究者尤其是年轻学者在本专业领域发表论文越来越有难度，甚至不得不随波逐流、另辟蹊径。在这种情况下，理论经济学者更多地把经济思想史作为一种业余爱好，在数理模型的推演和大样本数据的计算中甚至没有时间细细揣摩经济思想史上的那些经典著作。即便是斯密《国富论》、马克思《资本论》、马歇尔《经济学原理》和凯恩斯《通论》等经常被提及的基本文献，能够通过精度研读，做到对其了然于胸、整体把握的学者和学生，似乎越来越少了。某些理论经济学工作者，甚至没有认真研读这些基本文献就急于尝试理论创新甚至体系构建，必然表现出急功近利式的学术浮躁，有违学术研究的基本规律。

经济思想史的相对衰落有多方面的原因，一方面是社会急剧转型时期急功近利的学术环境大大提高了经济思想史研究的机会成本，另一方面也与我们对经济思想史的不准确理解有关。不少人认为，经济思想史属于史学范畴，而经济生活的日新月异、经济学科的快速发展和学术资料的持续积累，使得旧学说远远不能满足新需求，甚至得出这样的直觉判断：新学说必定优于旧思想，新方法必定优于旧看法，我们在面对新问题时没有必要迂回到那些陈腐过时的东西上。笔者认为，这是对经济思想史以及经典文献的极大误解：本质上讲，经济思想史的研究对象，主要是每个时代的前沿理论，其本质特征是"新"和"前沿"，而不是"旧"和"过时"。事实上，每个时代都有其面临的时代课题，经济思想史上的经典文献在很大程度上就是对不同时代课题的理论回应；并且，那些在经济思想史上留有深深印痕并作为经典文献流传下来的著述，在某种程度上表明了有关理论思考能够经受得住历史的检验，是对它所面临的时代课题的"最靠谱"或站得住脚的理论阐释，至少是具有一定影响力和启发性的阐释。

也就是说，作为经济思想史研究对象的经典文献，往往是一个时代的见证者，是我们理解那个时代的适宜切入点。

人们对经济思想史的误解，在某种程度上与经济思想史研究自身存在的困难有关。时代课题具有时间上和空间上的独特性，几乎每一个国家在每一个发展阶段都会面临相对独特的时代课题，而理论经济学具有相对的抽象性，往往试图从历史的、具体的表象中，提炼出某种具有一定普遍性的东西。也就是说，经济思想史上的经典文献在对时代课题做出理论回应的时候，出发点往往是历史的和独特的，落脚点则往往是普遍的。然而，不同时代所面临的时代课题，尽管存在某种共同的东西，但独特性是其更本质的内在规定；对每个时代的时代课题完整地、准确地把握，往往经济思想史研究者的时间和精力不允许，故后人在进行经济思想史研究时，通常出于研究的便利性和可行性，主动或被动地由现有的概念或理论进行"倒推"。以目前通行的经济思想史教科书为例，尽管叙述的顺序是从前向后，尽管会对有关人物和经典文献的时代背景做简要交代，但其内在逻辑则是从现有的概念、模型和理论出发，用后来的概念和理论去"套"早期的经典，并确立有关人物和文献在经济思想史上的恰当位置。这是一种相对可行的或不得不选择的方法，但却是极易引起误解的方法：一方面，经济思想史上的经典作家在对时代课题做出理论回应时，心中并没有后来的概念、理论和方法，这种倒推式的内在叙事逻辑很容易造成对有关人物和经典著述的误读；另一方面，正因为我们是用后来的概念和理论去"套"早期的文献，很容易在读者群体中造成一种经济理论不断发展、"旧不如新"的感觉。

客观地讲，每个时代所面临的时代课题会有共同之处，理论经济学确实也在不断取得进步，但这远远不是经济思想史的全部，面对时代课题的独特思考和前沿探索是经济思想史上那些经典著述的更本质的特征。过于强调前者而忽略后者属于"进化论"视角，这会遗失掉经济思想史上最宝贵的东西，并在概念的误解、理论的误读中，损害人们对经济思想史的全面理解和有关经典文献的准确把握。反之，如果我们更为重视经济思想史的独特性和前沿性，把经济思想史上的经典著作视为那个时代的杰出思想家对时代课题的前沿思考，那么就不仅有助于推进我们的经济思想史研究、增进经济学的历史感和厚重性，而且能够为我们的理论创新提供更为丰厚的学术滋养，并为我们深入思考现实问题提供有益的启发。毫无疑问，经济思想史研究在课堂讲授、理论研究、政策分析、体系构建等方面具有多重功用，但目前相对急迫和重要的一项任务，则是为中国特色社会主义政治经济学提供思想史支撑，进而对我国的社会经济发展提出更有针对性的理论解释。目前，我国正在经历着前所未有的最为广泛而深刻的社会变革，现有的经济理论已很难满足我国社会经济发展的时代要求和现实需要，包括中国特色社会主义政治经济学在内的理论经济学的理论创新和实践探索，已成为我国理论经济学界的时代最强音。探寻中国特色社会主义政治经济学的思想史基础是我们所面临的时代课题在理论经济学和经济思想史领域的学术投射，经济思想史研究应该而且能够做出更大的学术贡献。

"历史表明，社会大变革的时代，一定是哲学社会科学大发展的时代。当代中国正经历着我国历史上最为广泛而深刻的社会变革，也正在进行着人类历史上最为宏大而独特的实践创新。这种前无古人的伟大实践，必将给理论创造、学术繁荣提供强大动力和广阔空间。这是一个需要理论而且一定能够产生理论的时代，这是一个需要思想而且一定能够产生思想的时代。我们不能辜负了这个时代。"[①] 不是任何人都有机会生活在这样的时代，如何不辜负这个时代，如何回答好我们这个时代所提出的时代课题，是我国理论经济学和经济思想史研究者的历史机遇和时代任务。它一方面要求我们"要立足我国国情和我国的发展实践，深入研究世界经济和我国经济面临的新情况新问题，揭示新特点新规律，提炼和总结我国经济发展实践的规律性成果，把实践经验上升为系统化的经济学说，不断开拓当代中国马克思主义政治经济学新境界，为马克思主义政治经济学创新发展贡献中国智慧"[②]。另一方面，我们有必要结合经济思想史上的经典著作，充分借鉴不同时代的经典作家对时代课题的理论回应，进而借助于经济思想史的学术滋养，最终构建出适应我国国情的中国特色社会主义政治

---

①习近平. 在哲学社会科学工作座谈会上的讲话 [N]. 人民日报, 2016 – 5 – 19.
②中共中央文献研究室. 习近平关于社会主义经济建设论述摘编 [M]. 北京：中央文献出版社, 2017.

经济学。在这个问题上，正如其他问题一样，经济思想史上的经典文献同样能够为我们提供有益的启发，不妨以斯密和马克思为例，赘述一二。

二、 为何以及如何研究经济思想史： 斯密和马克思的启发

在经济思想史上，亚当·斯密和卡尔·马克思构成了两座难以逾越的丰碑。他们分别在英国工业革命发轫之初和接近尾声之际，紧紧抓住了时代脉搏，并以其广博的知识、开阔的视野、深入系统的理论思考，对其所面临的时代课题做出了系统而又深邃的理论回应，不仅深深影响了人们对现实经济生活的理解，在近现代人类发展史上留下了浓墨重彩的一笔，而且构建出了影响深远的理论体系，大大推进了理论经济学的进展，为我们的经济思想史研究和理论经济学研究树立了光辉的学术典范。海尔布罗纳在纪念《国富论》出版200周年的《向亚当·斯密致敬》一文中指出，"只有一个经济学家，他的学说的广度、深度和光辉的成就能与斯密相比，这就是马克思。……正像马克思的情况一样，把斯密仅仅看作经济学家是不对的。……《国富论》是一本更不限于研究经济学的书。它是斯密关于历史进化过程的更广泛的观点，应用到一个特定的社会。而这些观点，像马克思的理论一样，又反映了一个关于人类和宇宙更基本的前提在历史上的表现"①。毫无疑问，斯密和马克思是经济思想史上的经济学大师，但他们同时也是经济思想史研究专家。他们所取得的巨大学术成就，在很大程度上与他们精深的经济思想史研究有关，其思想史研究过程令人感叹，其思想史研究方法值得借鉴！

亚当·斯密是苏格兰启蒙运动的重要代表人物，也是现代市场经济理论的第一个系统阐述者："在斯密以前，没有人达到同斯密一样的系统而连贯的分析水平，斯密的分析尽管经常从实际生活中引用实例，但在许多地方是高度抽象

---

①海尔布伦纳. 向亚当·斯密致敬［C］//外国经济学说研究会编. 现代国外经济学论文选：第四辑. 北京：商务印书馆，1982.

的。经济学第一次被公认为一门独立的学科，一门自觉的和自信的科学。"① 作为生活在伟大时代（英国产业革命前夕）和最具经济活力（北美殖民地于 1707 年英格兰苏格兰合并后对苏格兰开放）、学术活力（1727 年苏格兰的大学改革）地区并受过系统学术训练的科班出身的学者，斯密紧紧抓住了时代脉搏，利用其丰厚的学术沉淀和开阔的学术视野，驳斥了当时盛行的重商主义偏见和政策体系，揭示了"现代市场经济的密码"，在人类历史上构建了第一个适应现代市场经济关系的理论经济学体系，被人们誉为"现代经济学之父"。在这一过程中，经济思想史研究，既是斯密得以成功构建现代经济学体系的重要原因，又是其现代经济学体系的重要组成部分。具体而言，斯密继承了苏格兰启蒙运动学者必有史学著作的学术传统，不仅通过天文学史、物理学史、逻辑学和形而上学史的思想史考察，探讨了"引导并指导哲学研究的原理"，即人们为什么以及如何进行学术研究、应该采用何种指导原则和研究方法②，而且在其代表性著述中进行过精深的思想史研究：不论是《道德情操论》还是《国富论》，斯密均专门设有专篇（卷）作思想史考察。例如，《国富论》全书共五篇，第一、二篇（理论部分）分别阐述了增进国民财富的两种途径，即"提高劳动生产率"（劳动分工与市场交换）和"增加劳动者人数"（资本积累与运用），第三、四篇则分别考察了经济史和经济思想史，最后在第五篇回归到现实经济和政策分析。

正是在第四篇的经济思想史部分，斯密以全书逾四分之一的篇幅，对当时流行但落后于时代潮流的各种重商主义的理论观点和政策主张详加批判。并在该篇结尾处发出了振聋发聩的时代强音："一切特惠或限制的制度，一经完全废除，最明白最单纯的自然自由制度就会树立起来。每一个人，在他不违反正义的法律时，都应听其完全自由，让他采用自己的方法，追求自己的利益，以其劳动及资本和任何其他人或其他阶级相竞争。这样，君主们就被完全解除了监督私人产业、指导私人产业、使之最适合于社会利益的义务。要履行这种义务，

①埃里克·罗尔. 纪念《国富论》出版二百周年（1776–1976）［C］// 外国经济学说研究会编. 现代国外经济学论文选：第四辑，北京：商务印书馆，1982.
②胡怀国. 对斯密研究方法的评价与新评价［J］学术交流，1999（5）：19–25.

君主们极易陷于错误；要行之得当，恐不是人间智慧或知识所能做到的。"① 这是斯密对其所面临时代课题的理论回应，迄今仍不时在理论经济学界乃至现代市场经济的上空发出穿越时空的回响："尽管在斯密以前或同时代的学者中，已有不少人抒发了自由主义的经济主张，但它们或者是少数思想家的共鸣，或者只是一种口号式的理想；而只有到了斯密那里，经济自由主义才有了坚实的经济理论基础，经济自由主义这座大厦才以其坚实的根基、宏伟的构建而最终树立在人类社会发展的坐标轴上，并历经岁月的洗涤愈显其昂然高耸。"② 事实上，经济思想史研究是《国富论》的重要内容，没有经济思想史研究就没有《国富论》。斯密创作《国富论》的主要目的，是为了回应时代需求，批驳重商主义这种"限制与管理的学说"。正是为了批判这种学说，斯密重新定义了什么是财富，并系统考察了如何增进国民财富，此亦书名取为《国民财富的性质和原因的研究》的缘由。在构建了一套相对完整的适应现代市场经济关系的经济理论体系之后，斯密深入系统、细致入微地逐条批驳了重商主义的各种干预措施，并鲜明地提出了自己的政策观点。事实上，《国富论》中诸多影响深远的理论观点和政策主张，大部分是在批驳重商主义时有感而发的。正是在这个意义上，我们可以说，没有思想史研究，就没有《国富论》！

马克思也是如此，政治经济学说史上的不朽经典《资本论》，同样立足于马克思精深的思想史研究的基础之上。马克思几乎在进行任何研究之前，都会大量阅读文献，通过思想史研究吸取丰厚的学术滋养，并在这一过程中逐渐形成自己的观点、构建出自己的理论体系。不妨以劳动分工理论为例，结合斯密和马克思的论述，初窥马克思借助思想史研究进行理论创新的过程。斯密高度重视分工，《国富论》正文部分的开篇第一句话就是，"劳动生产力最大的增进，以及运用劳动时所表现的更大的熟练、技巧和判断力，似乎都是分工的结果"③，并认为"在一个政治修明的社会里，造成普及到最下层人民的那种普遍富裕情

①亚当·斯密. 国民财富的性质和原因的研究：下卷［M］. 北京：商务印书馆，1996：252.
②晏智杰，胡怀国. 亚当·斯密［M］. 北京：中华书局，2000：99.
③亚当·斯密. 国民财富的性质和原因的研究：上卷［M］. 北京：商务印书馆，1996：5.

况的，是各行各业的产量由于分工而大增"①。同时，斯密也注意到，其一，分工在增进劳动生产力的同时，能够对劳动者本人产生影响，"人们壮年时在不同职业上表现出来的极不相同的才能，在多数场合，与其说是分工的原因，倒不如说是分工的结果"②；其二，尽管分工与专业化有助于提高劳动效率，但它同时会损及人们的社会性存在方式，"分工进步，依劳动为生者的大部分职业，也就是大多数人民的职业，就局限于少数极单纯的操作……一个人如果把他一生全消磨于少数单纯的操作……自然要失掉努力的习惯，而变成最愚钝最无知的人。……在一切改良、文明的社会，政府如不费点力量加以防止，劳动贫民，即大多数人民，就必然会陷入这种状态"③。也就是说，斯密认为，分工能够提高生产效率、促进经济发展，但同时也会对劳动者自身产生不利的影响，使得参与劳动分工的产业工人变为"最愚钝最无知的人"，这也就意味着劳动具有某种不同于其他生产要素的特殊性。斯密的这些认识，尤其是分工对劳动者自身的消极影响，长期以来被理论经济学界所忽略④；马克思开始思考经济问题之初，在阅读相关文献、进行经济思想史研究时，熟读了包括《国富论》在内的大量经典文献并做了精心摘录和深入思考，注意到了斯密对分工的相对全面的阐述，并把斯密的分工理论向前推进了一大步，在《1844年经济学哲学手稿》中首次通过"劳动分工—劳动异化—私有财产—共产主义"的内在逻辑，提出了政治经济学上的劳动异化理论和共产主义政策主张，实现了一次重要的理论飞跃。

具体而言，马克思在《1844年经济学哲学手稿》的"工资"（笔记本Ⅰ）部分，与斯密一样也是从分工入手，但更多地从斯密结束的地方展开了进一步分析，指出"分工提高劳动的生产力，增加社会的财富，促使社会精美完善，同

---

①亚当·斯密. 国民财富的性质和原因的研究：上卷 [M]. 北京：商务印书馆，1996：11.

②亚当·斯密. 国民财富的性质和原因的研究：上卷 [M]. 北京：商务印书馆，1996：15.

③亚当·斯密. 国民财富的性质和原因的研究：下卷 [M]. 北京：商务印书馆，1996：338 – 339.

④西方理论经济学和经济思想史学界，到了20世纪60年代才开始关注到这一点并引发了激烈的学术争论，参见：（1）West E G. Adam Smith's two views on the division of labour [J]. Economica，1964. 44th year；New Series，31（121）：23 – 32. （2）Nathan Rosenberg. Adam Smith on the division of labour：two views or one [J]. Economica，1965. 45th year；New Series，32（125）：127 – 129.

时却使工人限于贫困直到变为机器。劳动促进资本的积累，从而也促进社会富裕程度的提高，同时却使工人越来越依附于资本家，引起工人间更剧烈的竞争，使工人卷入生产过剩的追猎活动"①。也就是说，马克思接受了斯密关于分工能够提高劳动生产力、促进资本积累的看法，但大大拓展和深化了斯密关于分工对劳动者自身所产生的消极影响的方面，认为分工在促进经济发展和资本积累的同时，也增加了劳动相对于资本的弱势以及劳动对资本的依赖性，并最终使得劳动者被贬低为机器："即使在对工人最有利的社会状态中，工人的结局也必然是劳动过度和早死，沦为机器，沦为资本的奴隶（资本的积累危害着工人），发生新的竞争以及一部分工人饿死或行乞。"② 由此出发，马克思提出了劳动异化理论，指出"工人在劳动中耗费的力量越多，他亲手创造出来反对自身的、异己的对象世界的力量就越强大，他自身、他的内部世界就越贫乏，归他所有的东西就越少"③。马克思并没有止步如此，而是由劳动的异化和外化，进一步推论至整个生产关系和社会关系，指出"通过异化劳动，人不仅生产出他对作为异己的、敌对的力量的生产对象和生产行为的关系，而且还生产出他人对他的生产和他的产品的关系，以及他对这些他人的关系"④。正是基于这一认识，马克思对异化劳动、外化劳动的实现即私有财产进行了分析，认为"私有财产一方面是外化劳动的产物，另一方面又是劳动借以外化的手段，是这一外化的实现"⑤，并由此得出了通过共产主义来扬弃人类自我异化的结论，吹响了他那个时代最为响亮的时代号角："共产主义是对私有财产即人的自我异化的积极的扬弃，因而是通过人并且为了人而对人的本质的真正占有；因此，它是人向自

---

①马克思. 1844 年经济学哲学手稿［M］//中共中央马克思恩格斯列宁斯大林著作编译局. 马克思恩格斯文集：第 1 卷. 北京：人民出版社，2009：123.

②马克思. 1844 年经济学哲学手稿［M］//中共中央马克思恩格斯列宁斯大林著作编译局. 马克思恩格斯文集：第 1 卷. 北京：人民出版社，2009：121.

③马克思. 1844 年经济学哲学手稿［M］//中共中央马克思恩格斯列宁斯大林著作编译局. 马克思恩格斯文集：第 1 卷. 北京：人民出版社，2009：157.

④马克思. 1844 年经济学哲学手稿［M］//中共中央马克思恩格斯列宁斯大林著作编译局. 马克思恩格斯文集：第 1 卷. 北京：人民出版社，2009：165.

⑤马克思. 1844 年经济学哲学手稿［M］//中共中央马克思恩格斯列宁斯大林著作编译局. 马克思恩格斯文集：第 1 卷. 北京：人民出版社，2009：166.

身、也就是向社会的合乎人性的人的复归，这种复归是完全的复归，是自觉实现并在以往发展的全部财富的范围内实现的复归。这种共产主义，作为完成了的自然主义，等于人道主义，而作为完成了的人道主义，等于自然主义，它是人和自然界之间、人和人之间的矛盾的真正解决，是存在和本质、对象化和自我确证、自由和必然、个体和类之间的斗争的真正解决。"①

当然，《1844 年经济学哲学手稿》是马克思开始研究经济学的早期著作，其中带有浓郁的哲学痕迹。1848 年移居伦敦后，马克思开始了系统的经济学研究，并在大量研读各类文献著述的基础上，逐渐形成了劳动二重性、商品二重性、劳动价值论和剩余价值理论等更为成熟的理论观点，创作出了政治经济学说史上的不朽经典《资本论》，实现了马克思主义政治经济学的重大理论飞跃。不论是《1844 年经济学哲学手稿》，还是《资本论》，经济思想史研究都构成了马克思进行理论创新的重要基础，其间马克思阅读了大量经典文献，如作为《资本论》直接准备的《伦敦笔记》（1850—1853 年）多达 24 本 1250 页，而依据《1861—1863 年经济学手稿》整理的《剩余价值理论》或曰《资本论》第四卷，更是当之无愧的经济思想史研究的传世经典。也就是说，不论是斯密还是马克思，他们都针对他们所面临的时代课题，做出了他们的理论回应，构建出了具有深远影响的理论体系，而经济思想史研究则是他们做好这项工作的重要基础。目前，中国特色社会主义进入了新时代，我们有必要借鉴斯密和马克思的成功经验，改进我们的经济思想史研究，进而为发展和完善中国特色社会主义政治经济学提供更丰厚的学术滋养。

三、 新时代如何改进我们的经济思想史研究

每个时代都有其所面临的时代课题，而"只有聆听时代的声音，回应时代的呼唤，认真研究解决重大而紧迫的问题，才能真正把握住历史脉络，找到发

---

① 马克思. 1844 年经济学哲学手稿［M］// 中共中央马克思恩格斯列宁斯大林著作编译局. 马克思恩格斯文集：第 1 卷. 北京：人民出版社，2009：185.

展规律，推动理论创新"①。经济思想史上的斯密和马克思，很好地把握了时代脉搏，回应了时代呼唤，推进了理论创新，创建了经济思想史上具有深远影响的政治经济学体系，而经济思想史研究则是其中关键的一环，发挥了重要的基础性作用。也可以这样说，一个伟大的时代，往往呼唤着某种伟大的理论，而思想史研究能够为理论创新发挥重要的支撑作用。目前，我国正在经历着最为广泛而深刻的社会变革，中国特色社会主义进入了新时代，既对我们理论经济学界提出了新的要求，也为我们的理论创新提供了更为广阔的空间和历史性机遇。我们有必要对我们所面临的时代课题做出理论回应，习近平更是多次强调要加强中国特色社会主义政治经济学研究，进而"不断完善中国特色社会主义政治经济学理论体系，推进充分体现中国特色、中国风格、中国气派的经济学科建设"②。经济思想史研究的一项重要内容，是对历史上那些成功地回应了时代诉求的经济理论和经济学体系进行深入系统的研究，有助于为我们完善中国特色社会主义政治经济学提供有益的启发。不妨结合前文提及的斯密和马克思的经典案例，主要从有助于发展和完善中国特色社会主义政治经济学的角度，对新时代应如何改进经济思想史研究做初步的探讨。

其一，经济思想史研究，既要梳理有关经济思想的历史演进，更要重视有关思想的时代背景，尤其是重要理论体系所面临的时代课题，我们应该更多地从"时代课题—理论回应"的角度来理解经济思想史上那些经久不衰的经典文献。例如，斯密生活在工业革命初期、英国从工场手工业向机器大工业转变的时期，分工的深化、市场的扩展，一方面使得英国经济整体上处于上升时期，大部分人是经济发展和市场扩展的受益者，另一方面，英国处于相对领先地位，传统的重商主义干预措施日益成为经济发展的阻碍因素。在这种情况下，斯密从分工入手，更多地从市场交换和市场机制的角度，探讨了普遍的分工交换所带来的巨大经济利益，揭示了市场经济的内在机制和"现代市场经济的密码"，对不合时宜的重商主义政策措施进行了猛烈的抨击，很好地把握住了时代脉搏、

①习近平.在哲学社会科学工作座谈会上的讲话［N］.人民日报，2016－5－19.

②中共中央文献研究室.习近平关于社会主义经济建设论述摘编［M］.北京：中央文献出版社，2017：331.

顺应了时代潮流，并在某种程度上推动了社会进步和学科发展（构建了人类社会第一个适应现代市场经济关系的经济学体系）。马克思的时代背景则有所不同：当马克思于 1848 年移居英国，开始集中研究经济问题时，英国的工业革命已接近尾声，一方面，随着法德等欧洲大陆工业革命的兴起，不仅各国之间的竞争压力更为严峻，而且后面发展起来的工业化国家相对英国则缺乏那种长期渐进的过程，使得现代产业部门对传统产业部门和社会结构的冲击更为明显、国内不同群体之间的社会经济关系变得更为复杂和紧张；另一方面，在公共设施相对滞后于工业化和城市化步伐、劳动者缺乏立法保护、弱势群体和脆弱群体缺乏社会保障的情况下，经济发展造成的社会分化和相对贫困日趋严重，经济发展和市场扩展的受益群体不再具有普遍性，整个社会出现了阶层分化、固化的趋势，社会各界普遍开始关注经济效率的社会公平后果。在这种情况下，马克思的《资本论》从商品入手①，通过商品二重性、劳动二重性、绝对剩余价值和相对剩余价值等一系列创新性概念和逻辑框架，深入探讨了商品生产和交换过程及其背后所隐藏的人与人之间的关系，揭示了资本主义生产关系的剥削性质以及资本主义私有制和社会化大生产之间不可克服的矛盾，它同样是把握了时代脉搏、顺应了时代潮流并产生了深远的影响。由此，我们可以得到两点启发：第一点，中国特色社会主义政治经济学的构建、发展和完善，必须立足于我国改革开放和社会主义现代化建设实践，紧紧抓住中国特色社会主义的时代脉搏和时代潮流；第二点，经济思想史研究，不能仅仅从概念到概念、从模型到模型，而必须对有关著述和学者的时代背景做相对充分的了解。从某种程度上讲，我们能否准确地理解经济思想史上的那些重要思想和理论，在很大程度上与我们对有关时代背景、时代课题以及有关学者试图回答的问题有关。

其二，既然经济思想史上的那些经典作品离不开它们所面临的时代课题，那么一个必然的推论是：经济思想史研究必须结合包括经济史在内的史料积累

---

①《资本论》正文第一句就是："资本主义生产方式占统治地位的社会的财富，表现为'庞大的商品堆积'，单个的商品表现为这种财富的元素形式。因此，我们的研究就从分析商品开始。"（参见：中共中央马克思恩格斯列宁斯大林著作编译局. 马克思恩格斯文集：第 5 卷 [M]. 北京：人民出版社，2009：47.

和史学研究，必须有相对开阔的学术视野，以对时代背景和时代课题有更为综合的理解和更为准确的把握。诺奖得主诺思曾经指出，"经济学像是经济史学家的双眼，凭此，可以发掘与组织史料，甚或用来匡正史料的谬误；否则，只是盲目的横冲直撞，写成的经济史，亦将是杂乱无章。至于经济史，则似经济学家的双脚，据此立论，其内容才有其现实基础；否则，就成为空中楼阁，纸上谈兵"①。斯密很重视经济史研究，《国富论》不仅专门辟有经济史专篇（第三篇），而且"提供了大量的经济资料，它们是斯密广泛涉猎从古希腊、罗马乃至他所处时代的大量文献以及他对英法社会所做的敏锐观察中得到的。斯密利用这些材料来例证和支持他的经济分析，并为他的哲学探索或经济理论研究提供事实依据，间或用它们讲述一些与理论分析关系不大的历史趣闻。一代代的经济学家，尤其是英语世界的经济学家，都把《国富论》提供的资料作为最为可靠的真实数据来源而广泛引证，迄今仍是如此"②。马克思更是史学大家，占有的资料极为丰富，如作为《资本论》直接准备的《伦敦笔记》（1850—1853）收集摘录了包括古希腊罗马史、中世纪封建社会史、拉美史、印加史、印度史、城市史、风俗史、文化史、妇女史等在内的大量史料。而《资本论》（第一卷）虽然是一部政治经济学的理论巨著，却包含着大量的调查报告、报刊资料等实证材料，在篇幅上几乎是全书的三分之一。正是由于充分占有了材料和相对广阔的学术视野，斯密和马克思的理论创新才拥有了更为坚实的历史基础和现实依据，这不仅有助于其准确地把握时代脉搏，而且其理论创新能够产生跨越时空的穿透力，成为经济思想史上的不朽经典。经济思想史与经济史的关系，在某种程度上预示了中国特色社会主义政治经济学与当代我国社会主义实践之间的关系。中国特色社会主义政治经济学是对当代中国的伟大社会变革做出的政治经济学理论阐释，探讨的主要是拥有悠久文明的中华民族如何在社会主义市场经济条件下建成富强民主文明和谐美丽的社会主义现代化强国、实现民族复

---

①侯家驹. 中国经济史：上卷［M］. 北京：新星出版社，2008：11.

②Viner J, Adam Smith. International encyclopaedia of the social sciences：Vol. 14［M］//Wood J C, Adam Smith. Critical assessments. Croom & Helm, 1984：116.

兴和国家富强、不断促进人的全面发展和全体人民共同富裕，这是一项前无古人的事业，预示了构建中国特色社会主义政治经济学理论体系的复杂性和挑战性。正如习近平所言，"当代中国的伟大社会变革，不是简单延续我国历史文化的母版，不是简单套用马克思主义经典作家设想的模板，不是其他国家社会主义实践的再版，也不是国外现代化发展的翻版，不可能找到现成的教科书"，充分占有资料、深入调查研究、及时总结和提炼我国改革开放和社会主义现代化建设的实践经验是必不可少的基础性工作，而斯密和马克思等经典作家充分占有史料和实证材料基础上的经济思想史研究和政治经济学体系创新的成功经验，无疑能够为我们提供有益的借鉴。

最后，在研究方法和研究态度上，第一，既然经济思想史上的那些经典文献，在很大程度上是对其所面临的时代课题的理论回应，那么，我们就应该给予这些经典文献更多的尊重，尽量避免简单地以当前的经济学概念或理论模型直接地去套先前的经济学说，毕竟不同经典文献所面临的时代课题有所不同，它们试图解决的问题存在一定差异，而概念、模型和方法在很大程度上与拟解决的问题有关。第二，既然经济思想史研究离不开时代背景，离不开史料积累和史学研究，那么仅仅依据基本文献甚至二手资料的经济思想史研究，必然难以准确地理解经济思想史上的那些经典文献，我们应该在尽可能充分了解有关时代背景和作者生平的基础上，更多地从"时代课题——理论回应"的角度，通过研读原著来充分汲取经典文献所能提供的学术滋养和启发，"一千个读者眼里就有一千个哈姆雷特"，二手文献不能替代阅读原著，我们应对后世的各种评价持审慎态度。第三，尽管作为不同时代的经济理论、概念和模型有一定的继承性，不同时代的经济学家之间也有着一定的学术联结，但由于经济思想史上的那些经典作家面对的时代课题有所不同，他们在选择学术术语、逻辑框架和分析工具时必然有着某种独特性甚或相对独立性，故为了更好地理解经济思想史上的那些经典作品、更好地汲取经典文献能够提供的学术滋养，我们应该更多地关注不同学说之间的互补性而非替代性，独创性而非演进性。以马克思的经济思想史研究为例，主要依据马克思《1861—1863 年经济学手稿》整理出的

《剩余价值理论》或曰《资本论（第四卷）》这一经济思想史研究的里程碑式的作品，构成了迄今难以逾越的一座丰碑。正如前文已经提及的，马克思生活在资本主义生产关系突飞猛进、整个社会日益分化为无产阶级（如破产农民和手工业者）和资产阶级、社会阶层分化固化日趋加剧的时代。为了回应他所面临的时代课题，揭示隐藏在现代生产关系背后的人与人之间的关系，马克思首先研读了大量的经典文献，尤其是古典经济学文献。"马克思为写《资本论》而看过的书籍竟有1500多种，还不包括那些大量的报刊资料，凡同写作《资本论》有关的学科和专题他都钻研过。资产阶级政治经济学各派代表人物的主要著作他都仔细地研究过，他不仅阅读古典经济学的代表斯密和李嘉图的著作，而且对庸俗经济学中最反动最荒谬的人物马尔萨斯、西尼尔之流的作品也不放过。"[①]以此为基础，马克思不仅提出了不少新概念，而且对不少传统概念赋予了新内涵，包括区分了劳动和劳动力、在利润地租等具体形式和特殊形式的基础上创新性地提出了"剩余价值"概念等，并着重"联系生产力研究生产关系"，为分析资本主义生产方式下的人与人之间的关系奠定了坚实的政治经济学基础，实现了从空想共产主义到科学社会主义的转变。《剩余价值理论》很好地再现了这一过程：他认真地研读了斯密、李嘉图等人的著作，精心地选择了有关论述并做了大量摘录和评注，并基于自己的研究目的进行了系统深入的分析甚至长篇大论；在这个过程中，他立足原著并超越原著，逐渐形成了自己的一些新想法、新概念、新理论，"时代课题或研究目标—研读原著与摘录评注—系统分析与理论创新"良性互动、相互激发，马克思在完成这一经济思想史研究的同时，他的主要概念、核心理论和基本观点已趋于成熟和定型。正是在这个意义上，马克思的思想史研究为我们树立了经济思想史研究的标杆；并且，没有《剩余价值理论》就没有《资本论》（事实上，它们确实也都是《1861—1863年经济学手稿》的主要组成部分），没有马克思的经济思想史研究就没有马克思的政治经济学理论创新。

---

① 陈翰笙. 要学习马克思的研究方法［M］. ∥高崧，等. 马克思主义来源研究论丛：第三辑. 北京：商务印书馆，1983：3.

当然，不论是斯密的经济思想史研究还是马克思的经济思想史研究，他们面临的时代课题都有所不同，故研究的视角亦有很大差异。仍以前文中的分工理论为例，斯密处于工业革命之初的经济上升期，他高度关注分工在提高劳动生产力方面的积极作用，重点分析分工与市场交换、市场范围的关系以及如何保障市场经济的顺畅运行；当然，斯密也注意到了分工对劳动者以及人们的社会性生存方式的影响，但仅仅一提而过。与之不同，马克思面临的时代课题是资本主义生产方式下的人与人之间的关系，尤其是劳动者的依赖性、脆弱性和弱势地位，故重点探讨了分工造成的劳动异化问题，在后来的研究中则进一步通过劳动价值论和剩余价值论深入探讨了资本主义生产方式的剥削性质；而分工导致的劳动生产力的提高，马克思则是一提而过。至于后来的西方经济学（如新古典经济学），则主要从促进生产效率的角度来看待分工和市场关系，不再关注分工对劳动者本身的影响、劳动与资本之间的关系等，而是通过标准化的连续的生产函数，把劳动和资本视为完全对等、相互替代的两种生产要素。从中不难看出，不同时代的经济理论之间，固然有某种内在联系，但"对时代课题的理论回应"则是不应完全忽略的重要方面，甚至是其更本质的特征。就新时代中国特色社会主义而言，我们面临的时代课题肯定不同于斯密、马克思，也肯定不同于新古典经济学，我们目前的主要任务是如何在社会主义市场经济条件下建成富强民主文明和谐美丽的社会主义现代化强国、促进人的全面发展和全体人民共同富裕，自然会对中国特色社会主义政治经济学的理论创新提出新的要求。正如习近平指出的，"在社会主义条件下发展市场经济，是我们党的一个伟大创举。我国经济发展获得巨大成功的一个关键因素，就是我们既发挥了市场经济的长处，又发挥了社会主义制度的优越性。……我们要坚持辩证法、两点论，继续在社会主义基本制度与市场经济的结合上下功夫，把两方面优势都发挥好，既要'有效的市场'，也要'有为的政府'，努力在实践中破解这道经济学上的世界性难题"①。社会主义与市场经济的结合是经济学上的世界性难

① 中共中央文献研究室. 习近平关于社会主义经济建设论述摘编 [M]. 北京：中央文献出版社，2017：64.

题，改革开放在实践中破解了这道世界性难题，中国特色社会主义政治经济学的一项重要内容就是如何为我们破解这道世界性难题提供系统的理论说明。在这个过程中，正如马克思在《剩余价值理论》中的经济思想史研究所表明的那样，经济思想史研究应该而且能够做出更大的贡献。正是在这个意义上，本文认为我们应该也可以"改进"我们的经济思想史研究，原有的经济思想史研究至少是不完整的、不全面的。

四、 启发与思考

目前的经济思想史研究以及诸多经济思想史教科书，并不能令人满意：其一，不少经济思想史教材，往往以现代经济学的概念、理论去套早期的经济学说。一方面经常由于不同时代所面临的时代课题不同、研究角度和研究方法有异，而导致诸多所谓的"矛盾"和"不一致"（其中相当多的所谓矛盾是由于时代隔阂和"误解"）。另一方面，由于学科的不断深化和细化，"以新裁旧"式的经济思想史研究往往会忽略掉经济思想史上诸多颇具启发性的学说，难以充分发挥经济思想史的学术滋养功能，这在西方的经济思想史教科书中较为普遍。其二，马克思主义政治经济学的思想史教材，往往直接套用马克思的基本概念、直接运用马克思的经济思想史研究成果，不仅无法适应中国特色社会主义政治经济学面临的新的时代课题，而且同样忽略掉了那些经典文献中的重要方面。例如，马克思在进行经济思想史研究时，高度重视斯密和李嘉图等古典经济学家的著作，但为了回应自己面临的时代课题、服务于自己的研究目的，相对更重视有关著述关于劳动、资本、价值、工资、利润、地租等方面的阐述，并以此实现了理论创新和体系构建。对于其所面临的时代课题和研究任务而言，马克思的这种经济思想史研究是没有问题的；对于我们而言，则是有问题的。

譬如，改革开放前，我们的一项重要任务是如何在帝国主义包围下实现民族独立和国家自主，如何在生产力落后的传统小农经济的基础上实现工业化，建成相对完善的工业体系和国民经济体系；改革开放以来，我们的一项重要任务是如何利用相对有利的国际环境、已有的工业体系和物质基础，通过改革开放，充分利用国内国外两种资源，加快经济发展、切实改善民生；党的十八大以来，我国经济步入新常态，我们面临的时代课题更为综合，重点是通过全面深化改革和供给侧结构性改革，通过创新发展、协调发展、绿色发展、开放发展和共享发展，统筹推进"五位一体"总体布局、协调推进"四个全面"战略布局，努力解决新时代"人民日益增长的美好生活需要和不平衡不充分发展之间"的社会主要矛盾，不断促进人的全面发展、全体人民共同富裕。显然，它与斯密和马克思面临的时代课题和试图解决的问题不一样，与西方经济学试图分析的问题也不一样，有关的概念、理论和体系肯定也不一样。

"马克思的整个世界观不是教义，而是方法。它提供的不是现成的教条，而是进一步研究的出发点和供这种研究使用的方法。"① 马克思为我们的经济思想史研究提供了范例，但我们不能固守马克思的每一个概念、每一个论断，否则是学术研究的教条主义，也无法充分发挥经济思想史研究为中国特色社会主义政治经济学提供学术滋养的作用。正因如此，无论从经济思想史研究本身，还是从经济思想史研究服务于理论创新的角度，现有的经济思想史研究都是需要进一步改进的。当然，"史无定法"，方法服务于问题，不同学者研究经济思想史的目的有所不同，经济思想史研究的功用也存在差异，经济思想史上的经典文献确实也有着回应时代课题和推动学术发展等方面的多重属性。但就目前的经济思想史研究而言，我们似乎过于强调经济学的"进化"属性、过于恪守经典作家的经典评述，而没有充分重视经典文献"回应时代课题"的属性。如果我们能够以更开放的心态、更开阔的视野、更扎实的功底，对经济思想史上有关经典文献的时代背景、人物生平、重大事件做更允分的挖掘，对经典文献与时代课题之间的互动关系做更深入的分析，那么不仅有助于深化我们的经济思想史研究、增进经济思想史课堂的趣味性和启发性，而且有助于为新时代中国特色社会主义政治经济学理论体系的发展完善提供更丰厚的学术滋养和学科贡

---

① 恩格斯致韦尔纳·桑巴特的信：1895 年 3 月 11 日 // 马克思恩格斯文集：第 5 卷 [M]. 中共中央马克思恩格斯列宁斯大林著作编译局，译. 北京：人民出版社，2009：691.

献，并在这一过程中重振经济思想史学科本身。

参考文献

［1］马克思恩格斯文集［M］．中共中央马克思恩格斯列宁斯大林著作编译局，译．北京：人民出版社，2009．

［2］侯家驹．中国经济史：上卷［M］．北京：新星出版社，2008．

［3］亚当·斯密．国民财富的性质和原因的研究：下卷［M］．北京：商务印书馆，1996．

［4］中共中央文献研究室．习近平关于社会主义经济建设论述摘编［M］．北京：中央文献出版社，2017．

（作者单位：中国社会科学院经济研究所）

一般利润率趋于下降的理论史：
置盐定理的提出及其回应

孙小雨

摘要： 马克思的一般利润率趋于下降理论在《资本论》第三卷中提出以来便受到了广泛的批判。20 世纪 70 年代以来一般利润率趋于下降理论的分析框架在思想史上的发展过程可以分为置盐定理的提出以及学者的回应两个阶段。以新李嘉图主义为代表的学者质疑该理论本身的分析框架、论证过程和结论，这类批判在发展中逐渐严谨化、规范化，最终以鲍特基维茨－斯拉法的转形传统和莫斯科夫斯卡－柴田敬的数例分析为基础提出置盐定理。置盐定理的提出反过来促使马克思主义学者对一般利润率趋于下降理论的分析框架进行批判性反思。笔者认为学者对置盐定理的回应从总体上可以分为两大阵营：一是认为置盐定理与一般利润率趋于下降理论相矛盾。由此进一步分化为一部分学者支持置盐定理并认为一般利润率趋于下降的理论不成立，一部分学者试图通过批判置盐定理建构新的分析框架；二是认为二者并不矛盾。持这种观点的学者试图对置盐定理的框架进行进一步拓展以调和这两个理论。虽然两大阵营内主张重构的学者对置盐定理与一般利润率趋于下降理论之间的关系认识不同，但他们都认同马克思原有的分析框架需要完善甚至修正，并都试图建构一个不同于原有理论的新框架。这个过程也使马克思主义者重新反思一般利润率趋于下降理论在马克思主义理论体系中的地位，为进一步将一般利润率趋于下降理论拓展至长波、危机的分析奠定了理论基础。

关键词：一般利润率；转形问题；置盐定理；真实竞争；非均衡

马克思在讨论过从价值到生产价格的转形之后，在其转形框架内将一般利润率定义为 $r = \dfrac{s}{c+v} = \dfrac{s/v}{1+c/v}$，其中 s,c,v 分别表示总剩余价值、总不变资本、总可变资本，$s/v,c/v$ 分别为剩余价值率和资本有机构成。马克思指出，资本增殖的趋势使资本有机构成不断提高，剩余价值率的提高可以阻碍、延缓和减弱但不能取消这一趋势，因此一般利润率呈现出下降的趋势。马克思将利润率趋于下降规律称为"从每一方面来说都是现代政治经济学的最重要的规律，是理解最困难的关系的最本质的规律。从历史的观点来看，这是最重要的规律"。[①] 一些学者也将利润率趋于下降视为资本主义核心矛盾的重要表现。[②] 但马克思的该理论在首次发表于《资本论》第三卷之后便饱受争议，即使是诸多马克思主义内部的学者也认为该理论存在缺陷，对此马克思主义学者的回应不尽相同。霍华德从1883—1918、1918—1945、1945—1973三个不同阶段回顾了一般利润率趋于下降理论的思想史，涵盖了一般利润率分析框架以及一般利润率与危机理论两方面的内容。[③] 高峰、顾海良的思想史研究都对20世纪70年代以来置盐定理提出以后学界的回应进行过评介[④]，但没有涵盖最新的理论进展。本文在上述研究的基础上，主要探讨了20世纪70年代以来一般利润率分析框架的发展，系统梳理了置盐定理提出的思想史基础，总结了马克思主义学者对置盐定理的最新回应及其对一般利润率分析框架的反思。

本文首先简要总结了置盐定理提出之前，关于一般利润率趋于下降理论的

---

①中共中央编译局. 马克思恩格斯全集：第46卷下 [M]. 北京：人民出版社，1980：267.

②Yaffe, David S. The Marxian theory of crisis, capital and the state [J]. Economy and society, 1973（2）：186 – 232. Mattick, Paul. Marx and Keynes [M]. Boston：Porter Sargent，1969.

③Howard, Michael Charles, John Edward King. A history of Marxian economics：Volume II：1929 – 1990 [M]. Princeton University Press，2014.

④高峰. 西方经济学者围绕马克思的利润率下降趋势规律的论战 [M] // 胡代光，等. 评当代西方学者对马克思《资本论》的研究. 北京：中国经济出版社，1990：215 – 326. 高峰. 资本积累理论与现代资本主义 [M]. 天津：南开大学出版社，1991. 顾海良. 百年论争——20世纪西方学者马克思经济学研究述要：下册 [M]. 北京：经济科学出版社，2015.

争论。第二部分系统梳理了置盐定理提出的思想史基础：以鲍特基维茨和斯拉法为代表的学者认为马克思的转形理论不应该用价值进行计算，他们先后提出了生产价格的共时决定体系，并以此为基础质疑一般利润率趋于下降理论是不合理的；莫斯科夫斯卡和柴田敬都引入了资本有机构成的提高对价值或生产价格的影响进而对剩余价值率有所影响，发现既然理性的资本家不会引入降低利润率的技术，那么技术进步所导致的劳动生产率的提高对剩余价值率的影响一定会抵消资本有机构成的提高。将上述两种观点结合起来并进行规范化表达的学者是日本马克思主义者置盐信雄所提出的置盐定理。因为鲍特基维茨－斯拉法传统逐渐主导了转形理论的研究，再加上正统经济学强调宏观理论的微观基础所产生的影响，置盐定理的框架成为分析一般利润率的主流框架。第三部分详细梳理了置盐定理提出以后，国内外马克思主义学者对置盐定理的回应。笔者根据其对置盐定理和一般利润率趋于下降理论之间关系的不同认识，将其划分为两大阵营：第一个阵营的学者认为二者相互矛盾，并进一步分化为支持置盐定理而反对一般利润率趋于下降理论，以及反对置盐定理从而重构分析框架的两类群体；第二个阵营的学者认为二者可以兼容，并从不同角度对置盐定理的分析框架进行拓展，以使其兼容一般利润率趋于下降理论。笔者发现这两种看似矛盾的视角都致力于完善一般利润率趋于下降的分析框架，为将该理论进一步用于危机理论、长波理论等的分析奠定了理论基础。最后本文对以上内容进行了总结，并提出了亟待进一步研究的问题。

一、 一般利润率下降理论及其早期争论

在马克思提出一般利润率趋向下降理论之前，古典经济学家包括斯密和李嘉图都关注到了利润率下降的问题。斯密强调资本竞争的作用，而李嘉图混淆了剩余价值率和利润率，将利润率下降的原因归结为农业劳动生产率的下降以

及工资对利润的挤压作用。[①] 穆勒认为资本主义发展的限制在于投资机会的缺乏，如果资本积累率保持不变，那么很快就会达到这一限制。同时他注意到，反作用因素会延缓这一最终的限制。[②] 马克思对斯密和李嘉图的观点分别进行了批判，并借鉴了穆勒关于反作用因素的分析。针对斯密，他指出资本间的竞争只能导致利润率平均化，其本身不能导致利润率下降；针对李嘉图，马克思认为一般利润率的下降不是因为农业劳动生产率的降低，而是因为劳动生产率的提高，"一般利润率日益下降的趋势，只是劳动的社会生产力日益发展在资本主义生产方式下所特有的表现"。[③] 这样与李嘉图的观点形成对比的是，在马克思的理论中，利润率即使在剩余价值率提高的条件下依然呈现下降趋势。同时，他意识到现实资本主义经济中存在反作用因素：对劳动剥削程度提高；不变资本要素价值下降；工资率和劳动力价值的偏离；相对剩余人口的存在和增加；通过进口降低消费品和资本品的价值；利润份额提高。但他认为即使存在其他反作用因素的影响，也无法抵消资本有机构成的提高，即资本投资的影响快于利润源泉的增长。马克思由此发现了资本主义经济关系中生产扩大和价值增殖的矛盾，指出"利润率的下降会延缓新的独立资本的形成"，"证明了资本主义生产方式的局限性和它的仅仅历史的、过渡的性质"。[④]

早在《资本论》第三卷出版以前，西贝林便在恩格斯的有奖征文比赛中提出更高的资本有机构成可能伴随着更高的剩余价值率，因此利润率可能随着资本有机构成的提高而保持不变。之后，意大利学者克罗切和杜冈－巴拉诺夫斯基都强调技术进步会提高劳动生产率，这会降低不变资本的价值、提高剩余价值率从而提高利润率。[⑤] 鲍特基维茨发现杜冈并没有否认资本有机构成和利润率之间的联系，但他基本赞同杜冈的观点，指出了四点马克思的错误：一、应该

---

① 中共中央编译局. 马克思恩格斯全集：第 46 卷下 [M]. 北京：人民出版社，2004：270－272.

② Grossmann, Henryk. The law of accumulation and breakdown of the capitalist system [M]. Pluto P, 1992：73.

③ 马克思. 资本论：第三卷 [M]. 北京：人民出版社，2004：237.

④ 马克思. 资本论：第三卷 [M]. 北京：人民出版社，2004：270.

⑤ Howard, Michael Charles, John Edward King. A history of Marxian economics：Volume II：1929－1990 [M]. Princeton University Press, 2014.

用价格而非价值计算利润率，由此引入了对转形问题的讨论；二、应该区分奢侈品部门和基本品部门，强调李嘉图关于奢侈品部门的生产条件不影响一般利润率的观点是正确的；三、资本家仅会引入提高利润率的生产方法；四、忽视了生产率提高对剩余价值率的影响。① 鲍特基维茨的这一批判影响深远，之后的一些学者继承并发展了这四个方面，逐渐建构了一种不同于马克思的一般利润率分析框架，并据此得出了表面上看起来与马克思利润率趋于下降理论相反的结论，我将在下一部分对此展开讨论。后来，斯威齐②和琼·罗宾逊③也都表达了相似的观点，指出马克思的分析忽视了技术进步对劳动生产率提高的影响。因为技术进步可能降低不变资本，因此资本有机构成不一定提高；因为技术进步同时也会提高剩余价值率，因此利润率不一定趋于下降。如果保持剩余价值率不变，那么资本有机构成提高导致利润率趋于下降的理论本身即为同义反复。

面对以上学者指出的缺陷，马克思主义者也试图从不同角度维护一般利润率趋于下降的理论。一、有学者依然在不考虑生产率提高对不变资本价值影响的情况下从资本积累概念本身引申出资本有机构成的提高。耶菲资本概念是矛盾的，一方面试图无限扩张；另一方面其扩张的基础——劳动力是有限的。因此，一方面它试图通过提高劳动生产率来降低必要劳动时间；另一方面需要同时增加可供剥削的劳动力。解决这一矛盾的方法是通过死劳动替代或劳动来扩大生产规模。多布也指出随着资本积累的扩大，失业率会下降、实际工资会提高，这会促使资本家提高资本有机构成。④ 霍奇逊对耶菲和多布的观点分别进行了反驳，认为这两种观点混淆了资本技术构成与资本有机构成，机器数量的增加不等于其价值的增加，忽视了单位产出的机器价值也可能随着劳动生产率的提高而降低。他进一步宣称应该抛弃一般利润率趋于下降的理论，以及所有与之相关的庸俗化观点。⑤ 二、法因和哈里斯试图通过重新定义资本有机构成的概

---

①Von Bortkiewicz. Value and price in the Marxian system：1907 ［J］. International Economic Papers，1952：36 - 51.

②斯威齐. 资本主义发展论 ［M］. 陈冠烈，秦亚男，译. 北京：商务印书馆，2013：135 - 144.

③琼·罗宾逊. 论马克思主义经济学 ［M］. 纪明，译. 北京：商务印书馆，1962：36 - 38.

④Shaikh A. Political economy and capitalism：notes on Dobb's theory of crisis ［J］. Cambridge Journal of Economics，1978 （2）：233 - 251.

⑤Hodgson，Geoff. The theory of the falling rate of profit ［J］. New Left Review，1974 （84）：55.

念来维护资本有机构成提高的观点，但依然忽视了生产率提高对不变资本和可变资本价值的影响。他们在面对新李嘉图主义的批判时指出，马克思在论述利润率趋于下降规律时使用的资本有机构成概念不同于资本的价值构成。虽然技术进步后不变资本和可变资本的价值可能发生变化，但资本有机构成使用的是初始价值，资本价值构成使用的是变化后的新价值。他们强调在分析技术进步对资本有机构成的影响时，应该抽象价值变动的影响，生产资料和构成实际工资的生存资料是按照初始价值测量，由此保证资本有机构成的变化反映的是资本技术构成的变化。他们用 VCC 代表资本价值构成，OCC 代表资本有机构成，认为"VCC 只能在生产、交换和分配的复杂联系的基础上形成。而 OCC 则存在于一个较高的抽象水平上，存在于抽象了交换和分配的生产领域"。① 在区分资本有机构成和资本价值构成的基础上，他们认为马克思的利润率趋于下降理论抽象了技术进步的间接影响，即对不变资本和可变资本价值的影响、进而对剩余价值率的影响。② 笔者认为这种维护并没有解决将短期分析拓展至长期分析的问题。威克斯强调随着长期内新的价值体系必然确立，资本有机构成必然体现劳动生产率对价值的影响。尤其是他所指出的在法因和哈里斯所谓的这一阶段，生产力的发展与主导价值体系不一致，因此需要动态调整过程。他认为调整的过程中就是抵消因素发挥作用的时候，调整之后的新价值下的技术构成为资本价值构成，而非有机构成。③ 三、有些学者认为马克思的利润率趋于下降理论考虑到了剩余价值率提高的情况④，但强调剩余价值率的提高对抵消资本有机构成上升的影响是有限的。克里斯·哈曼和国内学者高峰⑤都引用马克思的观点，并指出生产率的提高会降低劳动力价值在工作日中的比重，从而资本家可以攫取更多用于生产利润的工人劳动，形成增加的剩余价值率。但这种反向影响的作

---

①Fine, Ben, Laurence Harris. Controversial issues in Marxist economic theory [J]. Socialist Register, 1976 (13).

②Reuten 提出了与法因和哈里斯相似的观点。Reuten, Geert. Accumulation of capital and the foundation of the tendency of the rate of profit to fall [J]. Cambridge Journal of Economics, 1991, 15 (1): 79 – 93.

③Weeks, John. Equilibrium, uneven development and the tendency of the rate of profit to fall [J]. Capital & Class, 1982, 6 (1): 62 – 77.

④罗斯多尔斯基引用文本指出马克思虽然最初使用的数例保持剩余价值率不变，但在之后的论述中也提到了剩余价值率提高的情况。Rosdolsky, Roman. The making of Marx's capital [M]. London: P. Burgess, 1977.

⑤高峰. 资本积累理论与现代资本主义 [M]. 天津：南开大学出版社，1991.

用是有限的。生产率的提高可以使维持工人生存的劳动时间由四小时减少为三小时，但不能由四小时缩减为负一小时。剩余价值的增加面临着社会和自然限制，而相对应的，对生产资料的积累则没有限制。[①] 这种观点实际上表明剩余价值提高的影响是有限的，即使剩余价值率趋于无穷大，一般利润率的下降趋势依然存在。谢克对此进行的简单证明如下：

$$r = \frac{s}{C} = \frac{s}{l}\frac{l}{C} = \frac{s}{s+v}\frac{l}{C} = \frac{s/v}{s/v+1}\frac{l}{c}$$

根据上式可知，当剩余价值率趋于无穷大时，$\frac{s/v}{s/v+1}$ 趋于 1，这时利润率为最大利润率 $R = r = \frac{l}{C}$，随着资本有机构成 $\frac{C}{l}$ 的提高，一般利润率最终将下降。[②] 由此，一般利润率趋于下降的需要转而证明资本有机构成上升。对此，国内学者李亚伟证明，从长期而言，因为两部类社会劳动生产率相同、劳动创造的价值与劳动力再生产成本比例不变、抽象实际工资的影响，资本有机构成取决于资本技术构成的变化，随着资本技术构成的提高而上升。[③]

但即使给定资本有机构成上升、最大利润率下降，也无法证明一般利润率趋于下降，虽然的确有可能出现这种情况，见下图：

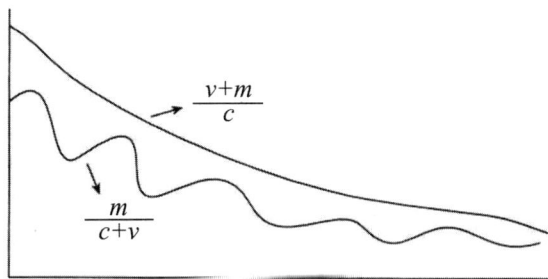

图片来源：置盐信雄. 技术变革与利润率 [J].教学与研究, 2010 (7).

---

①克里斯·哈曼. 利润率和当前世界经济危机 [J]. 国外理论动态, 2008 (10).

②霍奇逊引入了资本周转时间对这一点进行了相似的证明。Hodgson, Geoff. The theory of the falling rate of profit [J]. New Left Review, 1974 (84)：55.

③李亚伟. 利润率趋向下降规律新一轮争论的数理与经验考察 [J]. 海派经济学, 2018 (1).

罗默和希梅尔韦特[1]对此进行了分析。希梅尔韦特指出资本有机构成上升与最大利润率下降实质上是同义反复，因为一般利润率总是小于最大利润率，因此对最大利润率的分析并没有揭示一般利润率的变化趋势。罗默的反驳更加清晰，假定 t 期的最大利润率和实际利润率分别为 $\bar{\pi}^t, \pi^t$。他认为在连续型技术进步的条件下，最大利润率会逐渐收敛至某个水平，这个水平足够大于经济中任何实际利润率[2]，即可能出现这种情况，$\pi^1 < \pi^2 < \pi^3 < \ldots < \pi^t < \ldots < \bar{\pi}^t < \bar{\pi}^{t-1} < \ldots < \bar{\pi}^3 < \bar{\pi}^2 < \bar{\pi}^1$，见下图：

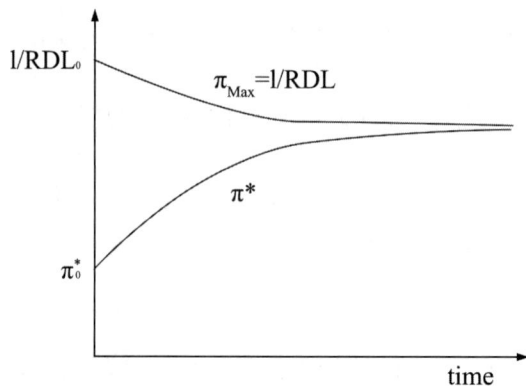

图片来源：Van Parijs, Philippe. The falling rate of profit theory of crisis: a rational reconstruction by way of obituary [M]. 1980: 1 - 16.

总结而言，上述马克思主义者试图立足于马克思的框架，从资本积累概念、对资本有机构成的概念进行再定义和最大利润率趋于下降三个视角对一般利润率趋于下降理论进行维护，但这些维护都没有明确驳斥鲍特基维茨所总结的缺陷，为以后马克思主义内部关于利润率趋于下降理论的争论埋下了伏笔，例如2013 年德国学者海因里希对一般利润率趋于下降规律定的原因依然是资本有机

---

①Himmelweit, Susan. The continuing saga of the falling rate of profit—a reply to Mario Cogoy [J]. Bulletin of the Conference of Socialist Economists, 1974 (9).

②Roemer, John E. Continuing controversy on the falling rate of profit: fixed capital and other issues [J]. Cambridge Journal of Economics, 1979, 3 (4): 379 - 398.

构成和剩余价值率的共同作用对一般利润率的影响不确定。[①] 同时，它也为之后一些学者沿着鲍特基维茨的路径继续批判一般利润率趋于下降理论留下了空间。

二、 新李嘉图主义与置盐定理的提出

置盐定理建立在杜冈、鲍特基维茨、莫斯科夫斯卡、柴田敬的理论基础上[②]，定理的内容分别对应于上述鲍特基维茨的四点批判：其转形理论建立在鲍特基维茨－斯拉法的转形传统上，比较静态均衡框架分析了一般利润率从原有生产价格体系到新生产价格体系确立的变化；区分了基本品部门和非基本品部门；置盐定理强调利润率下降的微观基础在于成本准则，即个体资本不会引入降低利润率的新技术；这种个体意志通过斯拉法生产价格体系直接上升为"整体的意志"：一般利润率上升。置盐定理为沟通短期和长期分析、个体和整体分析提供了一种视角。

（一）鲍特基维茨－斯拉法的转形传统

德米特里耶夫将劳动价值视为直接劳动与间接劳动的总和，使用共时决定的方式进行论证。鲍特基维茨借鉴了德米特里耶夫的观点，指出马克思的分析混淆了价格计算和价值计算。[③] 鲍特基维茨的这一传统被后来的很多学者所继承，成为诸多转形模型的共识。鲍特基维茨的三部门模型拓展为 n 部门可以表示如下：

价值体系为

---

①国内外学者对海因里希的观点进行了争论，强调利润率趋于下降并非意味着利润率一定会下降，而是对利润率下降事实的解释。Heinrich, Michael. Crisis theory, the law of the tendency of the profit rate to fall, and Marx's Studies in the 1870s [J]. Monthly Review, 2013, 64（11）：15. Kliman A J, Freeman A, Nick Potts, et al. The unmaking of Marx's capital：Heinrich's attempt to eliminate Marx's crisis theory [M]. 2013. 李亚伟. 利润率趋向下降规律新一轮争论的数理与经验考察 [J]. 海派经济学, 2018（1）. 谢富胜, 汪家腾. 马克思放弃利润率趋于下降理论了吗——MEGA2 II 出版后引发的新争论 [J]. 当代经济研究, 2014（8）：21 - 28.

②Groll 和 Orzech 详细分析了置盐定理的思想史源流。Groll S, Orzech Z B. From Marx to the Okishio theorem：a genealogy [J]. History of Political Economy, 1989, 21（2）：253 - 272.

③Von Bortkiewicz. Value and price in the Marxian system：1907 [J]. International Economic Papers, 1952（2）：36 - 51.

$$\lambda = \lambda A + l$$

其中 λ 表示单位价值量，A 为投入产出矩阵，l 为生产单位商品投入的活劳动。假定实际工资为 b，单位产出的价值体系可以表示为

$$\lambda = \lambda A + \lambda bl + (l - \lambda bl)$$

假定 λ^* 为以劳动时间为量纲的生产价格体系，其每一个要素等于 λ 的每一个要素乘以生产价格 – 价值比率，以价值为量纲的生产价格体系可以表示为

$$\lambda^* = (1 + r)(\lambda^* A + \lambda^* bl)$$

其中 r 为一般利润率。上述方程体系中有 $(n+1)$ 个未知数 (λ^*, r)、n 个方程组，这意味着有一个自由度，因此不能同时满足马克思提出的两个总量相等命题 $\begin{array}{l} \lambda^* x = \lambda x \\ l - \lambda bl = r(\lambda^* A + \lambda^* bl) \end{array}$。鲍特基维茨虽然发起了对狭义转形问题的争论，但他的转形方案依然是从价值体系出发，即默认以劳动价值论为前提。

斯拉法继承了鲍特基维茨将生产价格方程中的投入进行转形的传统，但他的转形方案没有从价值体系出发，而是从技术系数和实际工资中直接推导出生产价格，表示为

$$p = (1 + r)(pA + pbl)$$

其中 p 为以货币为单位的生产价格。在斯拉法的阐释中，生产价格的推导不需要以价值为中介，生产价格体系和价值体系似乎是完全独立的。

斯拉法理论的提出使转形问题的论争"开始从对马克思的价值理论构建的技术型批判，转向试图证明对经济分析而言劳动价值论是不必要的，而且应该被抛弃"的论争。[①] 斯蒂德曼比较了上述鲍特基维茨和斯拉法的两种阐释，他发现鲍特基维茨从价值体系出发的迂回求解法与斯拉法的直接求解法得到的生产价格体系完全相同，由此他总结道，价值体系是多余的。[②] 斯蒂德曼的逻辑可以表示如下。根据上述分析，鲍特基维茨的阐释推导出以价值为量纲的生产价格体系 $\lambda^* = (1 + r)(\lambda^* A + \lambda^* bl)$，斯拉法的理论推导出以货币为量纲的生产价

---

①顾海良. 百年论争——20世纪西方学者马克思经济学研究述要：下册 [M]. 北京：经济科学出版社，2015.

②斯蒂德曼. 按照斯拉法思想研究马克思 [M]. 北京：商务印书馆，1991.

格体系 $p = (1 + r)(pA + pbl)$。给定 $\lambda^* = mp$，其中 m 代表货币的价值，来沟通价值和货币两种量纲，将以价值为量纲的生产价格方程两边同时除以货币的价值 m，我们即可以得到以货币为量纲的生产价格体系。由此斯蒂德曼的观点得证。

（二）技术进步对剩余价值率的影响

很多批评者如鲍特基维茨和斯威齐[①]都曾指出，马克思原有的分析框架没有将技术进步对剩余价值率的影响内生化，鲍特基维茨举了一个简单的例子来说明这种方法论的缺陷，假定变量 $a = b/c$，问题在于如果 b, c 都取决于 d，我们应该如何分析 a 的变化。假定 $b = d^5, c = d^3$，那么 $a = d^2$。如果将 a 表示为 b/d^3，那么我们对 a, d 之间的关系会得到错误的结论。[②] 很多学者都试图对此进行分析，以得到技术进步导致的剩余价值率上升和资本有机构成上升对利润率的综合影响。狄金森试图在不分析价值或价格变化的基础上直接得到技术进步对剩余价值率的一般影响。为此，狄金森采用新古典生产函数来表示价值增加值[③]，但这种做法并不恰当，因为不变资本不能创造新价值。米克比狄金森更进一步，他假定在技术创新不断提高资本有机构成的条件下，不变资本和可变资本的价值都以特定的不变比率下降，进而分析剩余价值率在这个过程中的变化。[④] 但他的分析假定了一系列特殊条件，不具有分析的一般性。二者都未能建立将剩余价值率内生化的一般分析框架。莫斯科夫斯卡和柴田敬则分别求解了劳动生产率提高导致的价值或生产价格的变化，从而分析了技术进步对剩余价值率的一般化影响。

为了便于理解莫斯科夫斯卡的观点，引用霍华德对莫斯科夫斯卡的单部门（玉米）数例分析，旧技术可以表示为

$$170\text{corn} + 340\text{labour} \text{——} 510\text{corn}$$

① 斯威齐. 资本主义发展论 [M]. 陈冠烈，秦亚男，译. 北京：商务印书馆，2013：135 – 144.

② Von Bortkiewicz. Value and price in the Marxian system：1907 [J]. International Economic Papers，1952（2）：36 – 51.

③ Dickinson H D. The falling rate of profit in Marxian economics [J]. The Review of Economic Studies，1957，24（2）：120 – 130.

④ Meek R L. The falling rate of profit [J]. Science & Society，1960：36 – 52.

这种技术的净产出为 340 单位玉米，劳动生产率为 1，假定剩余价值率为 100%，那么每个工人的工资为 0.5 单位玉米，剩余产品为 170。因为这里玉米的单位价值为 1，所以写为价值形式

$$170c + 170v + 170s = 510$$

这表明利润率为 170／（170 + 170）＝50%。

新技术表示为

$$340corn + 340labour——765corn$$

在原有技术的条件下，如果要生产总产出 765 单位的玉米，那么需要投入的玉米和劳动各增加 50%，即为

$$255corn + 510labour——765corn$$

与之相比，新技术多使用了 85 单位玉米，少使用了 170 单位工人，这样新技术多使用的生产资料价值与节约的劳动力价值相等。在新技术条件下，净产出为 425，劳动生产率提高了 25%，因此单位玉米的价值降低为 0.8。这样，新技术下的价值形式为

$$272c + 136v + 204v = 612$$

因此，剩余价值率为 150%，利润率保持不变为 50%。如果剩余价值率保持原来的 100% 不变，那么利润率会下降，价值构成变为

$$272c + 170v + 170s = 612$$

这实际上意味着实际工资的上升，劳动力的总价值转变为 170/0.8 = 212.5 单位玉米，这样单位劳动力的价值 212.5/340 = 0.625，而非原来的 0.5。由此，如果假定实际工资不变，劳动生产率的提高低于 25%，那么利润率会下降，但资本家不会采用这样的技术；同样的，如果实际工资不变、劳动生产率的提高超过 25%，那么利润率会上升。莫斯科夫斯卡由此指出这没有反映利润率下降的规律，而只是表现了两个变量之间的互动关系：如果剩余价值率保持不变（实际工资上升），那么利润率下降；如果利润率保持不变，那么剩余价值率将上升。笔者认为莫斯科夫斯卡的分析实际上表明，如果引入技术进步对价值的变化从而对剩余价值率有所影响，那么利润率下降的原因只能为实际工资上升。

而且如果考虑到资本家会引入提高利润率的技术，因此在实际工资保持不变时，技术进步会导致利润率上升。[①]

莫斯科夫斯卡研究的是在单部门情况下运用价值形式进行的，柴田敬试图将其拓展到多部门情况，并运用生产价格进行分析。柴田敬在1934年的文章中阐述了成本准则，他通过三部门数例指出资本主义社会中，资本家提高资本有机构成是为了降低生产成本以获得超额利润，资本有机构成上升不会导致利润率下降，反而使利润率上升。但因为前两个部门的资本有机构成相同，而非基本品部门对一般利润率没有影响，因此实质上没有解决多部门情况。[②]他在1939年的文章中引入了五部门情况，第一个部门生产货币，第二个部门生产第一种资本品，该资本品用于自身再生产和劳动者的消费品的生产，第三个是生产劳动者的消费品部门，第四个部门生产第二种资本品，该资本品用于自身再生产、资本家的消费品的生产和货币的生产，第五个是生产资本家的消费品部门。[③] 生产价格体系如下所示：

$$(c_0 k_2 + a_0 w_0 p_1)(1 + i)^{t_0} = 1 \quad (1)$$

$$(c_{11} k_1 + a_{11} w_{11} p_1)(1 + i)^{t_{11}} = k_1 \quad (2)$$

$$(c_{21} k_1 + a_{21} w_{21} p_1)(1 + i)^{t_{21}} = p_1 \quad (3)$$

$$(c_{12} k_2 + a_{12} w_{12} p_1)(1 + i)^{t_{12}} = k_2 \quad (4)$$

$$(c_{22} k_2 + a_{22} w_{22} p_1)(1 + i)^{t_{22}} = p_2 \quad (5)$$

其中 i 表示一般利润率，k_1, k_2, p_1, p_2 分别表示两种资本品和消费品的生产价格，$c_{ij}, a_{ij}, w_{ij}(i = 1,2; j = 1,2)$ 分别表示生产资本品和消费品四个部门单位产品投入的资本品、劳动量和实际工资。由方程（3）得到 $p_1 = \dfrac{c_{21} k_1 (1 + i)^{t_{21}}}{1 - a_{21} w_{21}(1 + i)^{t_{21}}}$，将其代入方程（2）可得 $c_{11}(1 + i)^{t_{11}} + a_{21} w_{21}(1 + i)^{t_{21}} + (c_{21} a_{11} w_{11} - c_{11} a_{21} w_{21})$

①Howard, Michael Charles, John Edward King. A history of Marxian economics: Volume II: 1929 – 1990 [M]. Princeton University Press, 2014: 134 – 135.

②Shibata, Kei. On the law of decline in the rate of profit [J]. The Kyoto University Economic Review, 1934, 9 (1): 61 – 75.

③Shibata, Kei. On the general profit rate [J]. The Kyoto University Economic Review, 1939, 14 (1): 40 – 66.

$(1 + i)^{t_{11}+t_{21}} = 1$。由此方程可知一般利润率取决于基本品（劳动者的消费品和仅用于生产劳动者消费品的资本品）的技术系数、资本投资时期和实际工资。该方程表明基本品部门的投资时期越短，一般利润率越高；实际工资越低，利润率越高；技术系数越小，利润率越高。引入新技术，必须满足这样的理论假定：降低商品的生产成本，即降低与劳动者商品有关的价格。

给定假设

$$c_{11} = c_{12} = c_{21} = c_{22} = c$$
$$a_{11} = a_{12} = a_{21} = a_{22} = a$$
$$w_{11} = w_{12} = w_{21} = w_{22} = w$$
$$t_{11} = t_{12} = t_{21} = t_{22} = 1$$

由此我们得到 $k_1 = p_1 = k_2 = p_2 = p$，给定 $\lambda = \dfrac{1}{1+i}$，将第一个方程变形得

到 $p(c_0 + a_0 w_0) = \lambda$，这样 $\dfrac{p}{\lambda}$ 就是常数。这就是说任何使价格下降的新技术都会使利润率上升，即使它使资本有机构成提高。这样资本家只会引入降低成本的新技术，而由此导致的资本有机构成上升会使利润率上升。笔者认为至此，柴田敬已经证明假定实际工资不变，资本家引入降低生产成本的技术进步一定会导致一般利润率上升，即使这种技术进步导致了资本有机构成上升。

从莫斯科夫斯卡到柴田敬，一般利润率的分析框架从单部门拓展至多部门，从价值形式拓展至生产价格形式，但二者一以贯之地强调技术选择的微观基础，即资本家不会采用降低利润率的技术，新技术一定使剩余价值率的提高抵消资本有机构成的上升，从而使一般利润率上升。

（三）置盐定理的提出与发展

日本学者置盐信雄在以上学者的分析基础上提出了置盐定理。格罗尔和奥尔齐克通过文献溯源的方式发现置盐定理引用了柴田敬的成果，柴田敬引用了莫斯科夫斯卡，直至鲍特基维茨和巴拉诺夫斯基。首先，置盐定理建立在鲍特基维茨－斯拉法的转形传统基础上，将一般利润率分析拓展至 n 部门；其次他

借鉴了莫斯科夫斯卡－柴田敬强调的成本准则；最后，剩余价值率内生化潜在于其分析框架，他通过生产价格的变化分析了技术进步的双重效应对一般利润率的综合影响。1961 年，置盐信雄在《神户大学经济评论》（英文版）发表了"技术变革与利润率"一文，文中提出给定实际工资不变，如果基本品行业引进的技术创新满足成本准则，那么整个经济的一般利润率将会提高。[①] 置盐定理的证明如下：

$$p = (1 + r)p(A + bl)$$

其中 p, A, b, l, r 表示生产价格、投入产出系数矩阵、实际工资、活劳动和一般利润率。将其变形可得到 $\frac{1}{1+r}p = p(A + bl)$。资本家的技术选择标准满足成本准则，即如果新技术为 (A', l')，那么 $p(A' + bl') < p(A + bl)$，根据佩龙—弗罗宾尼斯定理，新技术条件下的利润率 r' 将高于原有利润率 r。

置盐定理提出以后，很多学者对它进行了拓展性应用。罗默等学者将置盐定理拓展至包含固定资本的情况，指出置盐定理完全适用于纳入固定资本分析的情况[②]；中谷武和萩原泰治认为置盐定理主要分析了工艺创新，而没有考虑产品创新，他们将置盐定理拓展至了引入产品创新的情况[③]；莱伯曼和汤普森的争论则放松了实际工资不变的假设，分析了如果技术进步过程导致资本有机构成变化，从而投资和资本有机构成的综合作用影响劳动需求进而影响实际工资的情况下，技术进步对一般利润率的影响以及一般利润率的时间路径。[④]

①置盐信雄. 技术变革与利润率 [J]. 教学与研究，2010（7）.

②Roemer，John E. Continuing controversy on the falling rate of profit：fixed capital and other issues [J]. Cambridge Journal of Economics，1979，3（4）：379 – 398.

③中谷武，萩原泰治. 产品创新与利润率 [J]. 高晨曦，译. 政治经济学报，2017（2）.

④Laibman D. Technical change the real wage and the rate of exploitation：the falling rate of profit reconsidered [J]. Review of Radical Political Economics，1982，14（2）：95 – 105. Laibman D. The falling rate of profit：a new empirical study [J]. Science & Society，1993，57（2）：223 – 233. Laibman D. Technical change，accumulation and the rate of profit revisited [J]. Review of Radical Political Economics，1996，28（2）. Thompson F. Technical change，accumulation and the rate of profit [J]. Review of Radical Political Economics，1995，27（1）：97 – 126. Thompson F. The composition of capital and the rate of profit：a reply to Laibman [J]. Review of Radical Political Economics，1998，30（1）：90 – 107.

三、 置盐定理与一般利润率趋于下降理论的关系

置盐定理的提出迫使马克思主义学者再次面对马克思的原有框架所存在的缺陷，之后马克思主义学者几乎很少运用原有的框架来分析一般利润率。但置盐定理是否意味着一般利润率趋于下降理论是错误的呢？学者们在这一点上产生了分歧，第一类学者认为二者相互矛盾，或者接受置盐定理并反对一般利润率趋于下降理论，或者反对置盐定理的理论预设，重构一般利润率分析框架；第二类学者认为二者可以相互兼容，置盐定理的成立本身不意味着一般利润率趋于下降理论不能成立，他们试图对置盐定理的分析框架进行拓展以兼容一般利润率趋于下降理论。

（一） 接受置盐定理并反对一般利润率趋于下降理论

置盐定理的提出打击了劳动价值论和一般利润率趋于下降理论的解释力。根据弗里曼的研究，以布伦纳为代表的学者接受置盐定理，认为技术进步本身不可能导致一般利润率下降。他将这类学者称为没有马克思的马克思主义。[1] 需要补充的是，弗里曼也批判了那些接受了斯拉法价格体系的学者，如莱伯曼。笔者认为接受斯拉法价格体系和置盐定理分析框架本身不等同于反对一般利润率趋于下降理论，正如下文要分析的，一些接受置盐定理分析框架的学者试图对其进行不同角度的拓展以兼容一般利润率趋于下降理论。

将置盐定理和一般利润率趋于下降两种理论置于对立面的立场也深刻地影响了学者对危机理论的研究。比如布伦纳排除了将一般利润率下降视为导致经济危机的原因，而是将经济危机归咎于国际资本竞争。[2]

（二） 反对置盐定理：重构分析框架

TSSI 和谢克都明确提出反对置盐定理，前者从转形理论角度指出，其共时

---

[1] Freeman A. Marxism without Marx: a note towards a critique [J]. Capital & Class, 2010, 34 (1): 84 – 97.

[2] Brenner, Robert. The economics of global turbulence: the advanced capitalist economies from long boom to long downturn, 1945 – 2005 [J]. Verso, 2006.

方程体系是不合理的；后者从竞争理论角度指出，其所依据的完全竞争理论并不具有现实基础。二者在批判的基础上分别建构了不同于置盐定理的分析框架。

1. 转形理论框架：TSSI

TSSI 批判了置盐定理中投入价格与产出价格相等的预设，认为这种共时决定的传统属于静态均衡分析。克里曼指出，正是因为置盐定理将技术进步视为"仅有一次"的扰动，所以单位价格会在技术进步后处于静态均衡水平。他认为如果将技术进步视为持续的机械化水平，那么历史成本与重置成本之间就会存在持续差异，使重置成本不适于测量初始货币成本的支出。[①] 如果用历史成本来测量成本价格，那么在持续机械化的条件下，产出价格和投入价格会存在系统的不一致。克里曼强调，置盐定理的证明依赖于共时决定，即产出价格和投入价格相等，忽略了产出价格和投入价格可能存在的持续差异。克里曼以玉米和铁两部门为例阐明，如果产出价格与投入价格不相等，那么利润率就不会由投入产出系数唯一决定。[②] 假定投入产出关系如下：

$$280 \text{ 夸脱小麦} + 12 \text{ 吨铁} \longrightarrow 575 \text{ 吨小麦}$$

$$120 \text{ 夸脱小麦} + 8 \text{ 吨铁} \longrightarrow 20 \text{ 吨铁}$$

假定小麦和铁的价格分别为 p_w, p_i，根据鲍特基维茨 - 斯拉法传统，可以得到方程组

$$\begin{cases} (280p_w + 12p_i)(1 + r) = 575p_w \\ (120p_w + 8p_i)(1 + r) = 20p_i \end{cases} \quad \frac{p_i}{p_w} = 15$$

$$r = 25\%$$

。克里曼认为这里潜在地假定了投入价格和产出价格相等。如果投入价格和产出价格不相等，玉米和铁的投入价格为 p_{wt}, p_{it}，产出价格分别为 p_{wt+1}, p_{it+1}，那么以玉米部门为例，利润率为

$$r = \frac{575p_{wt+1}}{280p_{wt} + 12p_{it}} - 1 = 1.25 \frac{p_{wt+1}}{p_{wt}} - 1$$

①Kliman A J. The profit rate under continuous technological change [J]. Review of Radical Political Economics. 1998, 20 (2 - 3)：283 - 289.

②Kliman A J. The Okishio theorem：an obituary [J]. Review of Radical Political Economics. 1997, 29：42 - 50.

给定引入技术进步前的利润率为 20%，当 $\dfrac{p_{wt+1}}{p_{wt}} < 0.96$ 时，利润率在引入技术进步后下降。

克里曼和麦克隆等学者吸收了单一体系的观点，强调投入的价值和价格与产出的价值和价格不一定相等，建立了跨期单一体系的转形理论，将共时单一体系拓展至了跨期情况。[①] 根据 TSSI，单位产出的生产价格方程表示为

$$m_{t+1}p_{t+1} = m_t p_t (A + bl)(1 + r)$$

其中货币的价值为 $m_{t+1} = \dfrac{m_t p_t A_t x_t + l_t x}{p_{t+1} x}$ ，(A, l) 也可以随着时间变化。

克里曼认为 TSSI 抛弃了鲍特基维茨 – 斯拉法传统的共时决定假设以及市场出清的假设。[②]弗里曼则明确表示 TSSI 以跨期和按照历史成本计算成本价格为特征，是一种非均衡的分析框架。[③] TSSI 分别在 MELT 保持不变和 MELT 上升两种情况下，建立了证明利润率趋于下降的模型和数例[④]，以维护马克思的机械化导致利润率趋于下降的观点。

（1）MELT 不变

TSSI 在证明利润率下降时，给定以下两个假设：一、货币的价值为 1 并保持不变，即 MELT 保持不变；二、活劳动投入总量等于利润和工资的价值等价物之和。因为货币的价值为 1，因此活劳动投入总量等于利润和工资之和。据此，TSSI 的一般利润率和生产价格体系由以下方程决定。

$$p_{t+1} = p_t (A + bl)(1 + r_t)$$

$$r_t p_t (A + bl) x + p_t blx = lx$$

其中第二个方程可以变形为 $p_t x - p_t A x = lx$ ，表示在 TSSI 的框架中活劳动投

①Kliman A J, Ted McGlone. A temporal single – system interpretation of Marx's value theory [J]. Review of Political Economy, 1999, 11（1）: 33 – 59.

②Kliman A J. A value – theoretic critique of the Okishio theorem [J]. Marx and Non – equilibrium Economics, 1996: 206 – 224.

③Freeman A. A general refutation of Okishio's theorem and a proof of the falling rate of profit [M]. Marxian economics: a reappraisal. Palgrave Macmillan UK, 1998. Freeman A. Marx without equilibrium [J]. Capital & Class, 1995, 19（2）: 49 – 89.

④Freeman 将 Kliman 的离散时间模型推广至连续时间模型。Freeman A. A general refutation of Okishio's theorem and a proof of the falling rate of profit [M] // Marxian economics: a reappraisal. Palgrave Macmillan UK, 1998.

入总量也等于总销售价格与投入成本价格之差。

假定 MELT 保持不变，TSSI 构建的技术进步 (A,l) 使稳态条件下得到 $p_{t+1} = \varphi p_t, 0 < \varphi < 1$，于是生产价格方程转变为 $\varphi p_t = (1 + r)(p_t A + p_t bl)$。由此可发现，TSSI 框架中的利润率一定低于引入技术进步后的置盐定理框架中的利润率。

（2）MELT 上升

拉英斯首先运用一个数例来说明 MELT 有内生增长的趋势。[①] 笔者认为其核心逻辑非常直观，给定 $p/MELT = \lambda$，假定技术创新前后价格 p 保持不变，因为技术创新导致单位商品价值量 λ 下降，因此 MELT 必然上升。由此，拉莫斯指出劳动节约型技术创新有两个影响：提高了名义利润率；提高了 MELT。置盐定理仅考虑了第一种影响，而忽视了劳动的货币表现的增加。

根据置盐定理，

$$p_t = (1 + \pi_t) p_t (A_t + b_t L_t) = (1 + \pi_t) p_t M_t$$

其中 $M_t = A_t + b_t L_t$

由此可以推出

$$\pi_t = \frac{p_t X_t - p_t M_t X_t}{p_t M_t X_t} \qquad \pi_{t+1} = \frac{p_{t+1} X_{t+1} - p_{t+1} M_{t+1} X_{t+1}}{p_{t+1} M_{t+1} X_{t+1}}$$

拉莫斯利用 MELT 将所有以货币衡量的数据都转化为以劳动时间为单位，从而重新计算利润率，并称其为实际利润率，表示为：

$$\pi_{t+1}^* = \frac{L_{t+1} X_{t+1} - p_{t+1} b_{t+1} L_{t+1} X_{t+1} \dfrac{1}{MELT_t}}{p_{t+1} M_{t+1} X_{t+1} \dfrac{1}{MELT_t}}$$

$$= \frac{p_{t+1} M_{t+1} X_{t+1} (1 + \pi_{t+1}) \dfrac{1}{MELT_{t+1}} - p_{t+1} M_{t+1} X_{t+1} \dfrac{1}{MELT_t}}{p_{t+1} M_{t+1} X_{t+1} \dfrac{1}{MELT_t}}$$

$$= (1 + \pi_{t+1}) \frac{MELT_t}{MELT_{t+1}} - 1$$

[①]弗里曼也通过对 MELT 上升的分析批判了莫斯科夫斯卡的一部门数例。Freeman A. Marxian debates on the falling rate of profit [J]. Mpra Paper, 2000.

该方程表示出随着劳动节约型技术的引进，MEL_t 趋向于无穷，π^* 趋向于零。如果 $\dfrac{MEL_{t+1}}{MEL_t} > \dfrac{1+\pi_{t+1}}{1+\pi_t} > 1$，那么 $\pi_{t+1}^* < \pi_t^* = \pi_t$。拉曼斯认为利润率下降趋势可以表述为劳动节约型技术创新导致 MEL 的增长大于共时利润率的增长。

（3）小结

TSSI 分别从 MELT 不变和 MELT 上升两种情况证明利润率下降，需要指出的是，MELT 并非 TSSI 证明的核心机制，而是其重要的预设条件。当 MELT 保持不变时，单部门模型和两部门模型对利润率趋于下降的证明的关键在于，产出价格低于投入价格。产出价格之所以持续低于投入价格是因为持续的技术进步导致单位价值下降；MELT 上升是因为 TSSI 假定商品在技术进步前后以货币（如英镑）为单位的价格保持不变，但因为劳动生产率的提高，单位商品的价值下降，因此出现了 MELT 的上升效应。所以总结而言，TSSI 的核心机制在于持续机械化导致劳动生产率提高、进而导致商品的单位价值下降。

费里[1]和莱伯曼[2]批判了 TSSI 的 MELT 不变机制，强调利润率应该是指重置资本的利润率。里乌[3]和韦内扎尼[4]等批判了 TSSI 的 MELT 上升机制，他们指出 MELT 的上升也使产出价格可能高于投入价格，从而使跨期利润率有可能高于共时利润率。以里乌的单一商品模型为例，其中使用玉米种子（SC）和劳动生产玉米，工资为零。

$$r_{t+1}^{simultaneous} = \frac{CO_{t+1}\lambda_{t+1} - SC_{t+1}\lambda_{t+1}}{SC_{t+1}\lambda_{t+1}} = \frac{CO_{t+1} - SC_{t+1}}{SC_{t+1}}$$

$$r_{t+1}^{real} = \frac{CO_{t+1}\lambda_{t+1} - SC_{t+1}\lambda_t}{SC_{t+1}\lambda_t} = \frac{CO_{t+1}(p_{t+1}/MELT_{t+1}) - SC_{t+1}(p_t/MELT_t)}{SC_{t+1}(p_t/MELT_t)}$$

---

[1]Foley D K. Response to Freeman and Kliman［M］// Value, Capitalist Dynamics and Money. Emerald Group Publishing Limited, 2000: 279-283.

[2]Laibman D. Numerology, temporalism, and profit rate trends［M］// Value, capitalist dynamics and money. Emerald Group Publishing Limited, 2000: 295-306.

[3]Rieu, Dong-Min. Has the Okishio theorem been refuted?［J］. Metroeconomica, 2009, 60（1）: 162-178.

[4]Veneziani, Roberto. The temporal single-system interpretation of Marx's economics: a critical evaluation［J］. Metroeconomica, 2004, 55（1）: 96-114.

$$r_{t+1}^{nominal} = \frac{CO_{t+1}\lambda_{t+1}MELT_{t+1} - SC_{t+1}\lambda_t MELT_t}{SC_{t+1}\lambda_t MELT_t} = \frac{CO_{t+1}p_{t+1} - SC_{t+1}p_t}{SC_{t+1}p_t}$$

将上述三种利润率进行变形可得

$$1 + r_{t+1}^{real} = (1 + G_\lambda)(1 + r_{t+1}^{simultaneous}) = \frac{1 + G_p}{1 + G_m}(1 + r_{t+1}^{simultaneous})$$

$$1 + r_{t+1}^{nominal} = (1 + G_m)(1 + r_{t+1}^{real})$$

$$1 + r_{t+1}^{nominal} = (1 + G_m)(1 + G_\lambda)(1 + r_{t+1}^{simultaneous}) = (1 + G_p)(1 + r_{t+1}^{simultaneous})$$

其中，G_p，G_m，G_λ 分别表示通货膨胀率、MELT 的增长率和价值的变化率（劳动生产率的倒数）。[①] 里乌指出从第一个等式可以发现，MELT 的增长会使价值利润率低于共时利润率，但第三个等式表明如果 MELT 的增长抵消了价值的下降，那么跨期利润率会高于共时利润率。从这个角度来看，TSSI 在 MELT 上升情况下并不能证明跨期利润率趋于下降。此外，里乌等学者通过引入 MELT 上升效应来证明跨期利润率和共时利润率趋同。

上述对 TSSI 的评价分别分析了 MELT 不变和 MELT 上升两种机制。此外，笔者认为还需要注意的是两种机制之间的关系，因为 TSSI 分析的 MELT 保持不变和 MELT 上升两种情况并非相互独立，而且两种情况中与共时利润率比较的对象不同。当 MELT 保持不变时，单位价值下降会引起产出价格低于投入价格，使跨期利润率低于共时利润率；MELT 上升的条件是保持价格不变，单位价值下降会引致 MELT 的上升效应，使价值利润率低于共时利润率。从这个角度而言，笔者认为 TSSI 对利润率趋于下降的两类批判存在逻辑矛盾，因为 MELT 随着技术进步的上升效应是在假定价格不变的条件下推导出来的，而在 TSSI 的框架中，技术进步不可能使价格保持不变，即产出价格低于投入价格、MELT 的上升效应二者之间不能相互兼容。由此而言，笔者认为里乌对 TSSI 的这一点批判并不合理，TSSI 只能证明假定 MELT 不变，如果持续技术进步导致价格不断下降，那么稳态条件下的跨期利润率一定低于共时利润率；假定价格不变，如果持续技术进步导致 MELT 上升，那么价值利润率一定低于共时利润率。这两个结论之间

---

①Rieu, Dong - Min. Has the Okishio theorem been refuted? [J]. Metroeconomica, 2009, 60 (1): 162 - 178.

是相互独立的，都不能证明跨期利润率与初始利润率的关系，因此也无法证明利润率趋于下降理论。

2. 技术选择标准：谢克的真实竞争理论

罗默等学者证明在包含固定资本的置盐定理中，只要某个行业的新技术满足利润率准则，即在现有价格体系下利润率提高，那么一般利润率也会高于原有利润率。谢克的观点与之相反，他在上述技术选择分析的基础上指出，在真实竞争中，即使某个行业的新技术不满足利润率准则，并且在新价格体系下平均利润率也较低，企业依然可能选择这种技术。谢克指出一旦将固定成本考虑在内，单位成本最低的技术就不同于利润率最高的技术。置盐及其追随者没有考虑竞争中的价格削减因素，参照给定价格体系下的最优生产方法与价格变动下的最优生产方法存在差异。

谢克试图通过以下数例来说明他的观点[①]，给定某部门现有生产方法的单位成本 $uc_1 = 78$ ，$k_1 = 137.5$ ，替代方法 1 的单位成本 $uc_2 = 76$ ，$k_2 = 142.31$ ，替代方法 2 的单位成本 $uc_3 = 75$ ，$k_3 = 157.89$ 。

三种生产方法的利润率

	单位成本（uc）	单位资本（κ）	利润率（$r = \dfrac{p - uc}{\kappa}$）
现有生产方法（C）	78	137.5	$r = \dfrac{p - 78}{137.5}$
替代方法 1（D1）	76	142.31	$r = \dfrac{p - 76}{142.31}$
替代方法 2（D2）	75	157.89	$r = \dfrac{p - 75}{157.89}$

下图描述了不同价格水平下，现有生产方法和两种替代方法的利润率。

---

①谢克之后以铁行业和玉米行业为例进行了两部门数例的分析，笔者认为这个分析是不完整的。参见：孙小雨. 真实竞争和利润率下降：真实竞争理论与 MF 模型的比较［J］. 世界经济，2018（3）.

当初始价格为 85 - 100 美元时，与替代方法 2 相比，替代方法 1 的单位成本更低、利润率更高；

当价格等于 85 美元时，替代方法 1 和替代方法 2 的利润率相等；

当价格低于 85 美元时，替代方法 2 的利润率由低于替代方法 1 到开始转变为高于替代方法 1。[①]

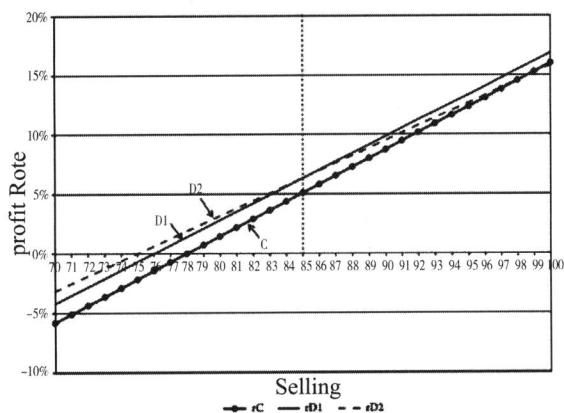

三种生产方法及其利润率图示（注：图片引用自 Anwar Shaikh. Capitalism: competition, conflicts and crises [M]. Oxford University Press, 2016: 317）

根据上图，谢克指出在现有价格为 100 时，替代方法 1 的利润率高于原有的生产方法，而替代方法 2 的利润率低于原有的生产方法，因此如果遵循新古典的价格接受假设，那么替代方法 2 不会被选择，谢克认为这就是置盐定理的逻辑。但根据真实竞争理论，企业可以不断削减价格以争取竞争优势，当价格下降至低于 85 时，替代方法 2 成为利润率最高的生产方法。在置盐定理框架中不会被采用的替代方法 1 即 D1（因为在现有价格体系为 100 时利润率较低）在真实竞争理论中反而成为行业的主导生产方法。根据上述分析，我们可以发现价格 p 本身的水平可以影响技术选择。除了影响在替代方法 1 和替代方法 2 之间的选择以外，价格也影响到新的生产方法是否成为利润率较高的生产方法。在上述例子中，对于替代方法 1，只有当价格低于 135 时，其利润率才高于现有的生

①Shaikh A. Capitalism: competition, conflicts and crises [M]. Oxford University Press, 2016: 316 - 317.

产方法；对于替代方法 2，只有价格低于 98 时，其利润率才高于现有的生产方法。

谢克的真实竞争理论挑战了置盐定理的技术选择标准。笔者认为置盐定理的成本准则实质上是利润率准则，强调技术选择标准为在现有价格条件下通过降低成本从而提高利润率，而谢克指出生产成本的降低往往伴随着资本投入的提高，企业会选择生产成本最低的技术以通过削价行为在竞争中取得优势。国内学者骆桢也构建了不满足成本准则的反例，这样的技术提高了单位劳动成本，但同时也通过节约生产时间而提高了资本周转速度，由此使引进该技术的企业获得高于原有均衡利润率的新利润率。但随着技术的扩散，由于资本家的竞争导致周转速度放缓，利润率将低于原有均衡水平。[①] 笔者认为，骆桢构建的例子依然通过资本周转速度使新技术满足利润率准则。但谢克的真实竞争理论强调，即使新技术导致利润率下降，企业依然因为其降低成本而引入这样的技术，这样企业可以削减价格以获得高于其他技术的利润率。

（三）二者可以相互兼容：剩余价值率不变

莱伯曼和新解释分别用数例和模型证明利润率趋于下降需要剩余价值率保持不变即实际工资上升。对此，杜梅尼尔和列维也持有相同的观点。[②]

1. 莱伯曼

莱伯曼用一个简单的数例将置盐定理与一般利润率趋于下降相调和。假定单一产品经济，初始技术 $K = 800, Y = 400$，实际工资为 300，即利润份额为 25%，此时利润率为 12.5。还存在 A，B，C，D 四种新技术，假定实际工资 300 不变，那么其资本增长率 K^*，产出增长率 Y^*、资本构成增长率 $Q^* = K^* - Y^*$ 和实现的利润率 ρ 如下图所示。

---

①骆桢. 对"置盐定理"的批判性考察 [J]. 经济学动态，2016 (6)

②Duménil, Gérard, Dominique Levy. The classical legacy and beyond [J]. Structural Change and Economic Dynamics, 1991, 2 (1)：37 – 67. Duménil, Gérard, Dominique Lévy. Technology and distribution：historical trajectories à la Marx [J]. Journal of economic behavior & organization, 2003, 52 (2)：201 – 233.

		K	W	$+$	P	$=$	Y	r	K^*	Y^*	Q^*	ρ
	1	800	300	$+$	100	$=$	400	12.5	–	–	–	–
	A	840	300	$+$	124	$=$	424	–	5	6	-1	14.76
	B	880	300	$+$	140	$=$	440	–	10	10	0	15.91
*	C	920	300	$+$	148	$=$	448	–	15	12	3	16.09
	D	960	300	$+$	152	$=$	452	–	20	13	7	15.83

资本家为了最大化其利润率将选择技术 C，在该技术成为行业平均技术之后，利润率转变为 16.09%，如下图 2a 行，莱伯曼认为这论证了置盐定理。但他接着分析利润份额反映了阶级力量对比，如果新技术的引入不会改变阶级力量对比，那么利润份额将保持不变，为 25%，见下图 2b 行。莱伯曼认为有些学者认为在这种利润率下降的条件下，资本家会重新采用原有的技术，但他指出这时实际工资并不能轻易转变，因此利润率将转变为 1b。[①]

	K	W	$+$	P	$=$	Y	r
1	800	300	$+$	100	$=$	400	12.5%
2a	920	300	$+$	148	$=$	448	16.09%
2b	920	336	$+$	112	$=$	448	12.17%
1b	800	336	$+$	64	$=$	400	8.0%

2. 转形理论框架：新解释

杜美尼尔和弗里分别独立地提出了新解释的思想。[②] 新解释有两个特征：一、活劳动总量形成的价值等于转形后的价值增加值与货币价值的乘积，价值增加值指总利润与工资成本之和。新解释认为这个特征意味着在净产品意义上，实现马克思的总价值等于总生产价格的总量相等条件。他们指出因为存在重复计算——投资品生产中取得的利润，一方面计入了社会总利润，另一方面又计

---

①Laibman D. Capitalist macrodynamics: a systematic introduction [M]. Springer, 1997: 44 – 49.

②Foley D K. The value of money, the value of labor power and the Marxian transformation problem [J]. Review of Radical Political Economics, 1982, 14 (2): 37 – 47. Duménil, Gérard. Beyond the transformation riddle: a labor theory of value [J]. Science & Society, 1983, 47 (4): 427 – 450.

入了消费品的成本，总产品意义上的相等条件难以成立。二、将劳动力的价值
等于货币工资乘以货币的价值，而非实际工资乘以消费品的价值。新解释认为
斯拉法传统将劳动力的价值定义为一揽子生存品的劳动价值，该定义将劳动投
入与非劳动视为完全一样，这种处理方法并不合理。因为资本主义社会的工人
获得的是货币工资，他们是为了货币工资而非实际工资而谈判。而且斯拉法传
统将资本主义剥削视为剩余产品相对于必要消费品的存在，但剩余产品的存在
是比剥削更一般的现象，剥削的概念和对剩余产品的占有是比资本主义剥削更
一般的现象。在资本主义生产方式中，剩余价值建立在交换的基础上，以货币
形式出现，其在逻辑上先于工人的消费。因此，新解释认为要将货币概念引入
对资本主义生产体系的基本解释，以表明资本主义剥削的特殊性。

依据新解释的上述理论假设，给定货币工资、货币的价值不变，实际上假
定了剩余价值率不变，汤普森对这一点进行了证明。[1] 汤普森假定 w^* 是名义工
资率，p 为实际工资的价格，实际工资率为 $w = \dfrac{w^*}{P}$，x 为总产出，L 为总劳动投
入，因此 $l = \dfrac{L}{x}$，M 为总原料投入，因此 $m = \dfrac{M}{x}$。因为货币工资、货币的价值
不变，因此劳动力的价值作为二者的乘积 $w\dfrac{l}{1-m}$ 保持不变，可以推出

$$w\frac{l}{1-m} = \frac{wplx}{(1-m)px} = \frac{w^*L}{p(x-M)}$$

剩余价值率可以表示为

$$s = \frac{L - w\dfrac{l}{1-m}L}{w\dfrac{l}{1-m}L} = \frac{1}{w\dfrac{l}{1-m}} - 1$$

弗里认为置盐定理的核心假设是实际工资在技术进步以后保持不变。[2] 置盐

[1]Thompson F. Technical change, accumulation and the rate of profit [J]. Review of Radical Political Economics, 1995, 27 (1): 97 – 126.

[2]Lipietz 在 1986 年的文章中批判了罗默的证明。Lipietz A. Behind the crisis: the exhaustion of a regime of accumulation——a regulation school perspective on some French empirical works [J]. Review of Radical Political Economics, 1986, 18 (1 – 2): 13 – 32.

定理与实际资本主义经济并不相关，因为资本积累的特有模式是实际工资上升、劳动力价值下降和剥削率上升。只有实际工资不变这个强假设才能推出置盐定理。[①] 因此，弗里用剩余价值率不变的条件取代了实际工资不变的条件。弗里的证明可以用一般形式表示如下。假定劳动力的价值不变，这意味着货币的价值和货币工资不变，以货币表示的生产价格体系为

$$p = (1 + r)(pA + wl)$$

由上式可得利润率公式

$$r = \frac{px - pAx - wlx}{pAx + wlx} = \frac{py - wlx}{pAx + wlx}$$

因为 $mpy = lx$ ，因此

$$r = \frac{\frac{1}{m}lx - wlx}{pAx + wlx} = \frac{(\frac{1}{m}lx - wlx)/wlx}{(pAx + wlx)/wlx} = \frac{(\frac{1}{m} - w)/w}{\frac{pAx}{wlx} + 1} = \frac{(\frac{1}{m} - w)/w}{\frac{px - py}{wlx} + 1}$$

$$= \frac{(\frac{1}{m} - w)/w}{\frac{(1/m)l(1 - A)^{-1}x}{wlx} - \frac{1/m}{w} + 1}$$

在单一产品的例子中，分母第一项中的 l 抵消，只要技术进步满足非劳动投入 A 增大，那么利润率就会下降。在一般情况下，因为技术进步是劳动节约型技术进步，即 l 下降，因此一般利润率一定会提高。

之后弗里在其书中用图示对上述逻辑进行了更清晰的说明。[②] 给定 X, W, N, Z 分别表示产出、工资、总雇用人数和利润，那么 $\frac{X}{N} = \frac{W + Z}{N} = \frac{W}{N} + \frac{Z}{K}\frac{K}{N}$ ，或者 $\frac{W}{N} = \frac{X}{N}(1 - \frac{Z}{K}\frac{K}{X})$ 。给定 $x = \frac{X}{N}, w = \frac{W}{N}, r = \frac{Z}{K}, p = \frac{X}{K}$ 分别表示劳动生产率、单位工资、利润率和资本生产率，那么 $w = x(1 - \frac{r}{p})$

如果原有的技术组合为 p—x ，新技术 p'—x' 是劳动节约型—资本耗费型技

①Foley D K. Understanding capital：Marx's economic theory［M］. Harvard University Press, 2009.

②Foley D K, Thomas R M. Growth and distribution［M］. Harvard University Press, 2018.

术，即满足 $p'<p,x'>x$ ，那么两种技术可表示为下图。当实际工资 w 保持不变时，新技术条件下的利润率满足 $r'>r$ ，置盐定理成立。弗里认为长期而言，整个经济体系中的剩余价值率保持不变，因此实际工资有提高的趋势，即由 w 提升至 w' ，此时新技术条件下的利润率满足 $r''<r$ ，得到利润率下降的趋势。

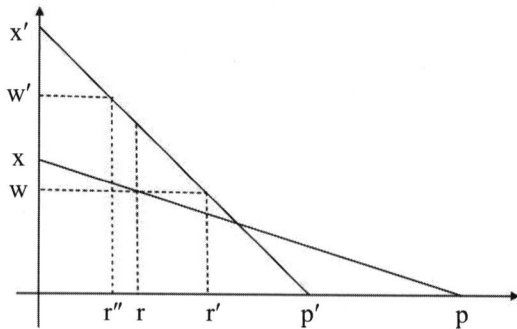

（四）二者可以相互兼容：非均衡视角

孟捷和冯金华指出置盐在研究利润率时用成本准则取代生产率准则，而劳动生产率进步引起的单位时间产出的增长有可能在总量层面导致再生产失衡，因此置盐忽视了产出总量和技术进步的关系，将平均利润率和新的价格体系的形成本身视为均衡的实现，无法从非均衡角度分析平均利润率的变化。他们建构的 MF 模型引入产品实现率，以两部门经济（第一部类为投资品部门，第二部类为工资品部门）为例对产品实现率进行了定义，考察了价值实现困难对平均利润率的影响。① 为了使模型一般化，本文将两部门经济拓展为 n 部门。

向量和矩阵都用黑体表示。假定单位产品价值量向量为 λ ，单位时间内的产出向量为 x ，所需要的劳动向量（包括物化劳动和活劳动）为 l ，可实现的单位价值量向量为 λ^* 。生产中形成的价值总量总是等于投入生产的总劳动（包括物化劳动和活劳动），由此我们得到：

$$\lambda x \ = \ lx$$

---

① 孟捷，冯金华. 非均衡与平均利润率的变化：一个马克思主义分析框架［J］. 世界经济，2016（6）.

根据定义，单位产品的实现价值等于产品的交易价格与单位货币价值之积，即 $\lambda^* = mp$。在 n 部门经济中，产品实现率 φ 指实现的总价值与生产的总价值之间的比率，即 $\varphi = \dfrac{\lambda^* x}{\lambda x}$。

1. 再生产均衡

在再生产均衡的假定下，部门在单位时间内的产出实现的价值总量等于标准技术条件下所决定的生产中形成的价值总量：

$$\lambda^* x = \lambda x = lx$$

给定 $\lambda^* = mp$，我们可得

$$\lambda = \frac{lx}{px}p$$

在再生产均衡条件下，产品实现率为 $\varphi = \dfrac{\lambda^* x}{\lambda x} = 1$。

2. 再生产非均衡

在再生产非均衡的条件下，经济中生产的总价值不能完全实现，即

$$\lambda^* x = mpx = \varphi \lambda x (0 < \varphi < 1)$$

给定货币价值 m 不变，产品实现率的下降导致实现的总价值不变。如果非均衡部门通过价格调整实现再均衡，那么价格 p 下降。置盐定理中的生产价格向量 $p = (1 + r)(pA + pbl)$ 由此转变为 n 部门的 MF 模型 $\varphi p = (1 + r)(pA + pbl)$。MF 模型发现平均利润率受到产品实现率、消耗系数和实际工资三个变量的影响。利润率分别随实现率的上升而上升、随消耗系数的下降而上升、随实际工资的下降而上升。

四、 总结与问题

古典经济学家将一般利润率趋于下降视为经济现象，认为关键问题在于如何解释这种现象，马克思在斯密和李嘉图的基础上强调内在于资本积累过程的资本有机构成的提高。但在马克思提出这种解释以后，一些学者批判了其分析

框架的缺陷。这种反思与批判不断呈现规范化发展趋势，并最终形成了置盐定理。当置盐定理提出以后，诸多马克思主义者开始重新思考一般利润率趋于下降理论的分析框架，根据对置盐定理与一般利润率趋于下降理论的不同认识而分化为两大阵营。除了第一个阵营中少数学者因为接受置盐定理而反对一般利润率趋于下降理论以外，其他学者都基于各自的立场对置盐定理进行了批判或者拓展，他们的理论都针对置盐定理的某一个理论假设，见下图。置盐定理包含四个潜在理论预设：成本准则；斯拉法价格体系；实际工资不变；再生产均衡。谢克的真实竞争理论批判了完全竞争情境下的成本准则，提出技术选择标准是真实竞争情境下的生产成本最低准则；TSSI 和新解释都不同程度地修正了斯拉法价格体系，但 TSSI 通过 MELT 在价值和生产价格之间建立了直接的联系，利润率下降是产出价格系统低于投入价格的结果；莱伯曼和新解释运用剩余价值率不变的条件取代了实际工资不变的条件；MF 模型将再生产均衡拓展至再生产非均衡。

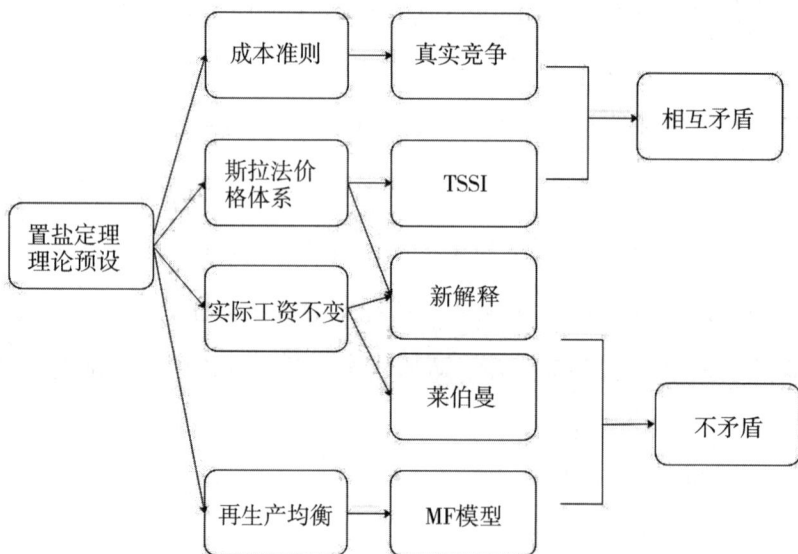

两大阵营的建构分别从不同方面补充并发展了一般利润率趋于下降理论。一、从转形理论而言，这一阶段的学者都没有在马克思原有的转形框架开展分

析，谢克[①]和 MF 模型都采纳了斯拉法的价格体系，莱伯曼采用单一产品部门进行分析，新解释和 TSSI 挑战了新李嘉图主义的二元体系理论，利用货币的价值（或 MELT）这一概念将价值体系和生产价格体系联系起来。二、学者们关注一般利润率趋于下降的微观基础。TSSI 在论证的过程中为其理论建构了微观基础，谢克的真实竞争理论实质上构建了资本有机构成提高的微观基础，即资本家为了削减价格以提升市场份额从而引入降低生产成本的技术进步，但降低生产成本通常意味着增加固定资本投入。三、学者们试图将短期和长期分析结合起来。莱伯曼和新解释都通过假定剩余价值率不变得到了利润率下降的结果，实质逻辑是在技术进步条件下，剩余价值率作为阶级力量的指标在长期内保持不变，这意味着实际工资要随着劳动生产率的提高而上升。MF 模型将长期非均衡引入一般利润率趋于下降理论，考虑了价值实现和价值生产的矛盾。

需要指出的是，莱伯曼和新解释强调在剩余价值率不变条件下，实际工资的提高将导致利润率下降的观点并不同于利润挤压理论。后者指的是在商业周期中的扩张阶段，产业后备军随着积累过程而缩减，从而导致实际工资上升而利润率下降。这里实际工资对利润率的影响是周期性的，而前者强调的是整体经济中的阶级力量对比长期保持不变，随着技术进步导致劳动生产率提高，实际工资也会随之而持续提高。这里实际工资的提高对利润率的影响是长期的趋势。不过在 20 世纪 80 年代资本主义国家进入新自由主义阶段以来，美国实际工资的增长慢于劳动生产率的提高，扭转了利润率下降的趋势。[②] 下图表明，如果实际工资遵循新自由主义阶段之前的增长轨迹（counterfactual path of the corporate profit rate），那么利润率将不可避免地趋于下降。这一事实表明，阶级力量对比不仅受限于商业周期的不同积累阶段，而且可以在相当长的时期内被制度化地重塑，但它在多大程度上构成了对剩余价值率不变假定学说的挑战值得进一步研究。

①谢克本身的转形理论也通过迭代法得到了他称为"正确的"斯拉法价格体系。Shaikh A. Marx's theory of value and the transformation problem [J]. The Subtle Anatomy of Capitalism, 1977: 106 – 139.

②Shaikh A. Capitalism: competition, conflicts, crises [M]. Oxford University Press, 2016: 730 – 732.

图片转引自谢克（2016）

笔者认为谢克批判置盐定理的重构和 MF 模型接受置盐定理的重构之间并不矛盾。笔者曾撰文将真实竞争理论和 MF 模型结合起来，考虑到如果非均衡采用价格调整形式，那么真实竞争理论中的价格削减行为可以构成其微观基础。[①] 这里的论证逻辑是资本家在成本准则的条件下引入技术进步，这会导致再生产非均衡，企业在这种压力下会试图通过削减价格来进行调整，这种竞争策略也会促使其选择成本最低（一般资本成本更高）从而在价格更低情况下相对利润率更高而绝对利润率下降的新技术。进一步的问题是是否存在宏观机制使非均衡走向均衡，这需要进一步分析总需求和总产出、总产出和总产能波动的商业周期与一般利润率变化趋势的联系，以及在这种联系中将资本家个体追求超额利润的行为与宏观上一般利润率趋于下降的趋势结合起来。

笔者认为建立一般利润率趋于下降的分析框架，一方面要经过从实践到结构的过程。正如鲍尔斯所说，实践与结构关系即经济行为人的自利行为与引致

[①]孙小雨. 真实竞争和利润率下降：真实竞争理论与 MF 模型的比较［J］. 世界经济, 2018 (3).

并限制这些行为的价格、利润、工资的稳定性与变化过程。① 这种分析不同于新古典从个体到整体的加总和从整体到个体的还原分析，这里的个体互动会使整体具有个体所不具有的涌现特质。另一方面要经过从短期到长期的过程。先进企业率先引入技术进步，短期内不变资本和可变资本的价值不变，而长期而言，劳动生产率的提高会影响不变资本和可变资本的价值，进而影响资本有机构成和剩余价值率。谢克的真实竞争理论是从资本竞争出发，分析企业的逐利行为对价格、利润的影响，这一过程会影响总供给和总需求、总产出和总产能之间的波动，从而与非均衡视角沟通起来，而在长期中这些波动会形成新的引力中心，包括新的一般利润率和生产价格体系，这又与转形理论联系起来。由此可见，笔者认为以上批判性视角的联合将为建构一个从实践到结构、从短期到长期的全面的一般利润率分析框架提供方法论基础。长期以来，利润率趋于下降理论被视为宿命论和机械论而长期被忽视、批判，这种反思和重构也将推动马克思主义者重新思考利润率趋于下降理论在马克思主义理论体系中的地位，使该理论成为分析危机、长波的重要理论框架，为揭示资本主义发展的内在限制提供有力的分析工具。

参考文献

[1] 高峰. 资本积累理论与现代资本主义 [M]. 天津：南开大学出版社，1991.

[2] 中共中央编译局. 马克思恩格斯全集：第 46 卷下 [M]. 北京：人民出版社，1980.

[3] 马克思. 资本论：第三卷 [M]. 北京：人民出版社，2004.

[4] 顾海良. 百年论争——20 世纪西方学者马克思经济学研究述要：下册 [M]. 北京：经济科学出版社，2015.

[5] 谢富胜，汪家腾. 马克思放弃利润率趋于下降理论了吗——MEGA2 Ⅱ 出版后引发的新争论 [J]. 当代经济研究，2014（8）：21 – 28.

①Bowles S. Post – Marxian economics：labour，learning and history [J]. // Information：International Social Science Council，1985，24（3）：507 – 528.

［6］胡代光，等. 评当代西方学者对马克思《资本论》的研究［M］. 北京：中国经济出版社，1990.

［7］置盐信雄. 技术变革与利润率［J］. 教学与研究，2010（7）.

［8］琼·罗宾逊. 论马克思主义经济学［M］. 纪明，译. 北京：商务印书馆，1962.

［9］李亚伟. 利润率趋向下降规律新一轮争论的数理与经验考察［J］. 海派经济学，2018（1）.

［10］斯蒂德曼. 按照斯拉法思想研究马克思［M］. 北京：商务印书馆，1991.

［11］斯威齐. 资本主义发展论［M］. 陈冠烈，秦亚男，译. 北京：商务印书馆，2013.

［12］孟捷，冯金华. 非均衡与平均利润率的变化：一个马克思主义分析框架［J］. 世界经济，2016（6）.

［13］孙小雨. 真实竞争和利润率下降：真实竞争理论与MF模型的比较［J］. 世界经济，2018（3）.

［14］克里斯·哈曼. 利润率和当前世界经济危机［J］. 国外理论动态，2008（10）.

［15］中谷武，荻原泰治. 产品创新与利润率［J］. 高晨曦，译. 政治经济学报，2017（2）.

［16］Bowles S. Post – Marxian economics：labour，learning and history［J］. Information：International Social Science Council，1985，24（3）：507 –528.

［17］Brenner，Robert. The economics of global turbulence：the advanced capitalist economies from long boom to long downturn，1945 –2005［J］. Verso，2006.

［18］Dickinson H D. The falling rate of profit in Marxian economics［J］. The Review of Economic Studies，1957，24（2）：120 –130.

［19］Duménil，Gérard，Dominique Lévy. Technology and distribution：historical trajectories à la Marx［J］. Journal of economic behavior & organization，2003，52（2）：201 –233.

［20］Duménil，Gérard，Dominique Levy. The classical legacy and beyond［J］. Structural Change and Economic Dynamics，1991，2（1）：37 –67.

［21］Duménil, Gérard. Beyond the transformation riddle: a labor theory of value ［J］. Science & Society , 1983, 47 (4): 427 – 450.

［22］Fine, Ben, Laurence Harris. Controversial issues in Marxist economic theory ［J］. Socialist Register, 1976 (13).

［23］Foley D K. Response to Freeman and Kliman ［M］// Value, Capitalist Dynamics and Money. Emerald Group Publishing Limited, 2000: 279 – 283.

［24］Foley D K. The value of money, the value of labor power and the Marxian transformation problem ［J］. Review of Radical Political Economics, 1982: 37 – 47.

［25］Foley D K. Understanding capital: Marx's economic theory ［M］. Harvard University Press, 2009.

［26］Foley D K, Thomas R M. Growth and distribution ［M］. Harvard University Press, 2018.

［27］Freeman A. Marxism without Marx: a note towards a critique ［J］. Capital & Class, 2010, 34 (1): 84 – 97.

［28］Freeman A. Marxian debates on the falling rate of profit ［J］. Mpra Paper, 2000.

［29］Freeman A. A general refutation of Okishio's theorem and a proof of the falling rate of profit ［M］// Marxian economics: a reappraisal. Palgrave Macmillan UK, 1998.

［30］Freeman A. A general refutation of Okishio's theorem and a proof of the falling rate of profit ［M］// Marxian economics: a reappraisal. Palgrave Macmillan UK, 1998.

［31］Freeman A. Marx without equilibrium ［J］. Capital & Class, 1995, 19 (2): 49 – 89.

［32］Groll S, Orzech Z B. From Marx to the Okishio theorem: a genealogy ［J］. History of Political Economy, 1989, 21 (2): 253 – 272.

［33］Grossmann, Henryk. The law of accumulation and breakdown of the capitalist system ［M］. Pluto P, 1992: 73.

［34］Heinrich, Michael. Crisis theory, the law of the tendency of the profit rate to fall, and Marx's studies in the 1870s ［J］. Monthly Review, 2013, 64 (11): 15.

［35］Himmelweit, Susan. The continuing saga of the falling rate of profit—a reply to

Mario Cogoy［J］. Bulletin of the Conference of Socialist Economists, 1974 (9).

［36］Hodgson, Geoff. The theory of the falling rate of profit［J］. New Left Review, 1974 (84): 55.

［37］Howard, Michael Charles, John Edward King. A history of Marxian economics: Volume II: 1929 – 1990［M］. Princeton University Press, 2014.

［38］Kliman A J. The Okishio theorem: an obituary［J］. Review of Radical Political Economics, 1997, 29: 42 – 50.

［39］Kliman A J. The profit rate under continuous technological change［J］. Review of Radical Political Economics, 1998, 20 (2 – 3): 283 – 289.

［40］Kliman A J, Ted McGlone. A temporal single – system interpretation of Marx's value theory［J］. Review of Political Economy, 1999, 11 (1): 33 – 59.

［41］Kliman A J, Freeman A, Nick Potts, et al. The unmaking of Marx's capital: Heinrich's attempt to eliminate Marx's crisis theory［M］. 2013.

［42］Kliman A J. A value – theoretic critique of the Okishio theorem［J］. Marx and Non – equilibrium Economics, 1996: 206 – 224.

［43］Laibman D. Numerology, temporalism, and profit rate trends［M］∥ Value, capitalist dynamics and money. Emerald Group Publishing Limited, 2000: 295 – 306.

［44］Laibman D. Technical change the real wage and the rate of exploitation: the falling rate of profit reconsidered［J］. Review of Radical Political Economics, 1982, 14 (2): 95 – 105.

［45］Laibman D. Technical change, accumulation and the rate of profit revisited［J］. Review of Radical Political Economics, 1996, 28 (2): 33 – 53.

［46］Laibman D. The falling rate of profit: a new empirical study［J］. Science & Society, 1993, 57 (2): 223 – 233.

［47］Laibman D. Capitalist macrodynamics: a systematic introduction［M］. Springer, 1997.

［48］Lipietz A. Behind the crisis: the exhaustion of a regime of accumulation——a regulation school perspective on some French empirical works［J］. Review of Radical Political Economics, 1986, 18 (1 – 2): 13 – 32.

［49］Mattick, Paul. Marx and Keynes ［M］. Boston: Porter Sargent, 1969.

［50］Meek R L. The falling rate of profit ［J］. Science & Society, 1960: 36 – 52.

［51］Reuten, Geert. Accumulation of capital and the foundation of the tendency of the rate of profit to fall ［J］. Cambridge Journal of Economics, 1991, 15 （1）: 79 – 93.

［52］Rieu, Dong - Min. Has the Okishio theorem been refuted? ［J］. Metroeconomica, 2009, 60 （1）: 162 – 178.

［53］Roemer, John E. Continuing controversy on the falling rate of profit: fixed capital and other issues ［J］. Cambridge Journal of Economics, 1979, 3 （4）: 379 – 398.

［54］Roemer, John E. Continuing controversy on the falling rate of profit: fixed capital and other issues ［J］. Cambridge Journal of Economics , 1979, 3 （4）: 379 – 398.

［55］Rosdolsky, Roman. The making of Marx's capital ［M］. London: P. Burgess, 1977.

［56］Shaikh A. Capitalism: competition, conflicts and crises ［M］. Oxford University Press, 2016.

［57］Shaikh A. Marx's theory of value and the transformation problem ［J］. The Subtle A-natomy of Capitalism, 1977: 106 – 139.

［58］Shaikh A. Political economy and capitalism: notes on Dobb's theory of crisis ［J］. Cambridge Journal of Economics, 1978 （2）: 233 – 251.

［59］Shibata, Kei. On the general profit rate ［J］. The Kyoto University Economic Review, 1939, 14 （1）: 40 – 66.

［60］Shibata, Kei. On the law of decline in the rate of profit ［J］. The Kyoto University Economic Review, 1934, 9 （1）: 61 – 75.

［61］Thompson F. Technical change, accumulation and the rate of profit ［J］. Review of Radical Political Economics, 1995, 27 （1）: 97 – 126.

［62］Thompson F. The composition of capital and the rate of profit: a reply to Laibman ［J］. Review of Radical Political Economics, 1998, 30 （1）: 90 – 107.

［63］Van Parijs, Philippe. The falling rate of profit theory of crisis: a rational reconstruction by way of obituary ［M］. 1980: 1 – 16.

［64］Veneziani, Roberto. The temporal single‐system interpretation of Marx's economics: a critical evaluation ［J］. Metroeconomica, 2004, 55（1）: 96 – 114.

［65］Von Bortkiewicz. Value and price in the Marxian system: 1907 ［J］. International Economic Papers, 1952: 36 – 51.

［66］Weeks, John. Equilibrium, uneven development and the tendency of the rate of profit to fall ［J］. Capital & Class, 1982, 6（1）: 62 – 77.

［67］Yaffe, David S. The Marxian theory of crisis, capital and the state ［J］. Economy and society, 1973（2）: 186 – 232.

（作者单位: 清华大学社会科学学院经济所）

改革开放 40 年中国区域发展战略的演化与变迁[①]*

陈慧女　陈　盈

摘要： 改革开放 40 年来，我国区域经济发展战略经历了四个不同的阶段，即 1979—1991 年沿海经济发展战略阶段、1992—1998 年跨省区市经济区发展战略阶段、1999—2010 年四大板块发展战略阶段和 2010 年以后多极增长发展战略阶段。区域发展战略不断探索与创新，实现了由区域不平衡到区域协调的调整和转变，实现了中国经济规模的迅速扩大和经济效率的迅猛提升，形成了我国区域经济一体化和协调发展的新格局。

关键词： 区域；平衡发展；改革开放

中国是世界上最大的发展中国家，由于自然的、社会的原因，长期以来，不同区域经济社会发展极不平衡。近代以前，我国历史上并没有明确的区域经济发展战略，区域经济的发展主要依赖经济重心的自然转移。这就形成了中华人民共和国成立前工业畸形发展、区域分布极不均衡的经济结构，其中占全国面积11.3%的沿海地区，集中了全国 77.6% 的工业产值[②]，而内地绝大部分地区仍然处于自然经济、半自然经济的落后状态，其中占国土面积 40% 多的西北、

---

①＊本文是 2017 年度教育部人文社会科学研究专项任务项目（中国特色社会主义理论体系研究）"绿色发展理念下环境合作治理机制研究"（项目批准号：17JD710078）；2018 年度武汉大学自主科研青年项目"习近平新时代中国特色社会主义经济思想研究"。

②孙海鸣，赵晓雷. 2003 中国区域经济发展报告——国内及国际区域合作 [M]. 上海：上海财经大学出版社，2003：78.

内蒙古地区工业产值仅占全国的 3%①。中华人民共和国成立后，基于对国际情势的判断和我国的资源大部分都集中在中西部地区的现实，我国迅速决定改变区域发展不平衡的状况，制定了区域经济均衡发展的内向型经济发展战略，把区域发展战略的重点放在内地建设上，以此来缩小与沿海经济的差距，从而达到整个国家经济的平衡发展。内地发展战略特别是 20 世纪六七十年代的三线建设发展的战略显著地改变了我国工业布局，在平衡区域经济布局上取得了一定的成就。但是这样的战略安排过分强调内地建设，忽视了工业基础和交通便利程度对区域经济效益的影响，经济效率不高。改革开放初期，国际国内经济形势的变化，为我国参与国际市场竞争，进入国际经济循环，发展外向型经济提供了千载难逢的契机。正是基于这种考虑，我国的区域发展战略也做了相应的调整，我国进入新一轮的区域经济发展战略阶段，一系列有关区域经济发展的战略思想被提出。根据这些战略思想在经济区域划分、生产力布局和发展政策等方面存在的差异性，可以大致按照 10 年左右一阶段，大体上将改革开放后 40年划分为四个发展战略阶段，即沿海经济发展战略阶段、跨省区市经济区发展战略阶段、四大板块发展战略阶段和多极增长发展战略阶段等，这四个阶段既有联系又有区别。

一、 沿海经济发展战略阶段 （1979—1991）

改革开放初期，我国率先决定在临近港澳台的广东、福建两省实行"特殊政策、灵活措施"，陆续设立了深圳、珠海、汕头和厦门 4 个经济特区，旨在利用其区位优势，加速外向型经济发展。"六五"（1981—1985）期间，一大批重点建设项目布局在沿海地区，沿海地区建设投资达到 47.7%，中西部地区占46.5%，国家先后设立 4 个经济特区，14 个沿海港口城市和沿海经济开发区，在外资项目审批权限、财税、外汇留成、信贷等方面给予这些地区特殊的优惠

---

① 聂华林，高新才. 区域发展战略学 ［M］. 北京：中国社会科学出版社，2006：316 – 318.

政策，如扩大当地政府利用外资的审批权限和对外经济活动的自主权，减免外商投资企业的所得税和关税，扩大当地政府对外贸易的自主权和外汇留成比例等等。

1987 年 12 月，中共中央提出了沿海地区经济发展战略。1988 年 3 月，国务院召开的沿海地区对外开放工作会议上，正式决定实施以沿海地区"两头在外，大进大出"的沿海地区经济发展战略，大力发展出口加工型经济，加入国际经济大循环。同时，国家进一步扩大沿海开放范围，设立海南省和海南经济特区。这一时期国家的许多改革方案和措施，或是先在东部区域试行和实施，或是较多地考虑东部区域的情况和需要。向沿海地带倾斜的空间政策，充分发挥了沿海地区的比较优势，使其取得了先行发展。由于在对外开放上的先行即享有相应的政策优惠和国家投资倾斜、改革倾斜，东部沿海地带获得了大大高于全国平均速度的经济增长率。

二、 跨省区市经济区发展战略 （1992—1998）

改革开放后实行的沿海经济发展战略，取得了举世瞩目的巨大成效。与此同时，东部区域经济的高速发展也在该地区内部造就了一批带动国民经济整体增长的经济核心区和增长极，经济密度高的地市越来越集中于这些经济核心区和增长极。为进一步加强这些经济核心区和增长极的示范效应，我国区域发展战略进一步细化，突破行政区划界限，依据自然地理特点和经济内在联系，重点发展跨省区市经济区。这一战略以将东部沿海地区的"长三角"、"珠三角"、闽东南、海南和"环渤海"等为代表的跨省区市经济区的发展上升为国家战略为起点。1992 年，党的十四大报告针对新时期的区域协调发展战略，正式提出"以上海浦东开放为龙头，进一步开放长江沿岸城市，尽快把上海建成国际经济、金融、贸易中心之一，带动长江三角洲和整个长江流域地区经济的新飞跃。加速广东、福建、海南、环渤海地区开放和开发，力争经过二十年的努力，使广东及其他有条件的地方成为我国基本实现现代化的地区"①。在这一战略的指导下，东部地区业已形成的跨省市经济区加速发展，发展水平和发展速度不仅远远高于中西部地区，也高于东部地区其他区域。

在这一时期，伴随着东部沿海跨省区市经济区的快速发展，东部沿海省市与中西部地区的经济差距不断扩大，我国政府也开始考虑到经济发展的公平问题，提出区域经济协调发展的问题，其主要举措是实行地区倾斜与产业倾斜政策相结合的方式，在继续发挥东部地区增长优势的同时，逐步促进中西部地区的发展。"八五"（1991—1995）计划中就明确指出："正确处理发挥地区优势和全国统筹规划、沿海与内地、经济发达地区与较不发达地区之间的关系，促使地区经济朝着合理分工、各展其长、优势互补、协调发展的方向前进。"② 此后，国家加快了对中西部的开发开放，并先后开放了沿江、沿边、沿黄、沿陇海线等内陆地区，使我国区域经济发展的沿海、沿江、沿线的经济格局逐步形成，区域政策的重心由东部沿海地区的带状式发展演变为"以东部带中部及西部"的轴线式发展模式。"九五"（1996—2000）计划进一步明确提出以中心城市和交通要道为依托，在全国范围内建立七大跨省区市经济区，即"长江三角洲及沿江地区，环渤海地区，东南沿海地区，西南和华南部分省区，东北地区，中部五省地区，西北地区"③。跨省区市经济区的提出意味着我国区域发展战略开始逐步从区域不平衡向区域协调发展调整与转变。

三、 四大板块发展战略阶段 （1999—2010）

虽然在20世纪90年代我国适时调整了区域发展战略，但是东部沿海地区的发展水平和发展速度仍然远远高于中西部地区。针对区域发展差距不断拉大所带来的各种问题，20世纪末21世纪初，我国政府适时对区域发展战略做了进一

---

① 中共中央文献编辑委员会. 江泽民文选：第1卷［M］. 北京：人民出版社，2006：230.
② 中共中央关于制定国民经济和社会发展十年规划和"八五"计划的建议［J］. 中华人民共和国国务院公报，1991（12）.
③ 中共中央关于制定国民经济和社会发展"九五"计划和2010年远景目标的建议［J］. 人民论坛，1995（10）.

步的调整，发布区域发展总体战略，一般简称"四大板块"战略。

西部大开发战略：1999 年 9 月，党的十五届四中全会正式提出了西部大开发战略，以此为标志，中国区域政策的重心实现了新的转移。2000 年 1 月，国务院西部地区开发领导小组召开西部地区开发会议，研究加快西部地区发展的基本思路和战略任务，并部署实施西部大开发的重点工作。2000 年 10 月，中共十五届五中全会通过《中共中央关于制定国民经济和社会发展第十个五年计划的建议》，建议指出发行长期国债 14 亿元，把实施西部大开发、促进地区协调发展作为一项战略任务。"十五"（2001—2005）计划对实施西部大开发战略再次进行了具体部署，正式提出"增加对西部的财政转移支付和建设资金投入，并在对外开放、税收、土地资源、人才等方面采取优惠政策"[1]。

振兴东北老工业基地战略：2002 年 11 月党的十六大正式提出了"支持东北地区等老工业基地加快调整和改造"的区域战略。2003 年 10 月，中共中央、国务院发布《关于实施东北地区等老工业基地振兴战略的若干意见》，明确了实施振兴战略的指导思想、方针任务和政策措施。随着振兴战略实施，东北地区加快了发展步伐。在振兴东北老工业基地的区域经济发展战略指导下，国家先后出台多项针对东北三省的优惠政策。例如，财政部、国家税务总局发布了《关于豁免东北老工业基地企业历史欠税有关问题的通知》（2006 年 12 月），2007 年 8 月，国务院正式批复《东北地区振兴规划》，2009 年国务院还发布了《关于进一步实施东北地区等老工业基地振兴战略的若干意见》，从优化产业结构、加强基础设施建设、推进资源型城市转型、保护生态环境和着力解决民生问题等 9 个方面推进东北地区等老工业基地振兴。

中部崛起战略：随着区域协调发展战略的日趋清晰，"中部崛起"最终列入政府议事日程。2004 年 3 月，温家宝总理在政府工作报告中，首次明确提出促进中部地区崛起的重要战略构想。2006 年 4 月 15 日中部崛起的纲领文件——《中共中央、国务院关于促进中部地区崛起的若干意见》正式出台。10 号文提出了 36 条的政策措施，从 9 个方面为中部崛起指明了发展方向。与此同时，促进

---

[1] 中共中央关于制定国民经济和社会发展第十个五年计划的建议 [N]. 人民日报, 2000 - 10 - 19.

中部地区崛起被列入了2006年全国人大审议通过的《"十一五"规划纲要》，中央各部委也出台了一系列促进中部崛起的政策措施。2009年9月，国务院正式通过了《促进中部地区崛起规划》，在重点地区发展规划中，要求依托综合运输主通道，以资源环境承载能力强、经济社会发展基础好、发展潜力大的地区为开发重点，加快形成"两横两纵"经济带，培育六大集聚人口和产业的城市群。[①]

东部率先发展战略：东部沿海地带一直是我国区域经济发展的领头军，新世纪东部仍然领跑全国经济，长三角、珠三角、京津冀三大地区综合实力不断增强，继续在全国发展中发挥引擎作用。东部地区的发展是"四大板块"总体战略的重要组成部分。2005年6月，国务院批准上海浦东新区为全国综合配套改革试验区，并批准设立上海洋山保税港区。2006年5月26日，国务院发布《关于推进天津滨海新区开发开放有关问题的意见》，将推进天津滨海新区开发开放正式纳入国家总体发展战略布局；同时批准天津滨海新区为全国综合配套改革试验区，先行试验一些重大的改革开放措施。

伴随着"四大板块"总体发展战略的逐步落实，各项政策措施的不断到位，我国区域经济版图开始发生深刻变化，东部沿海地区继续发挥带动经济增长的引擎作用，中西部一些重点地区对区域发展的支撑作用日益增强，中西部地区经济增长速度落后于东部地区的格局逐步得到扭转。

四、"三大战略"引领下的多极增长发展战略（2010年以后）

在"四大板块"总体发展战略不断完善的同时，区域发展协调性进一步增强。然而，一些深层次问题也逐渐显现出来。"四大板块"发展战略虽然覆盖了我国的全部国土，但是各个区域彼此之间的发展的分割性仍然存在，差距明显，缺乏连接各大区域的战略通道。2012年，党的十八大继续把推动区域协调发展

---

①国家发展改革委. 促进中部地区崛起规划实施意见［EB/OL］.（2010 - 8 - 12）［2018 - 10 - 07］. http：//www. ndrc. gov. cn/zcfb/zcfbghwb/201008/t20100825_585474. html.

作为我国经济社会发展的重大任务，将其摆上了突出的战略位置。这一时期我国区域发展战略的特点是以四大板块总体发展战略为基础，以"三大战略"为引领，推动跨省区市经济带为主的多极增长，结合主体功能区和国土规划，塑造要素有序自由流动、主体功能约束有效、基本公共服务均等、资源环境可承载的区域协调发展新格局。

党的十八大以来，党中央着眼于我国"十三五"时期和更长时期的发展，逐步明确了区域经济发展的三大发展战略，即"一带一路"、京津冀协同发展、长江经济带三大发展战略。2013 年 9—10 月，习近平主席在访问哈萨克斯坦和印度尼西亚时分别提出了建设"丝绸之路经济带"和共建 21 世纪"海上丝绸之路"的设想，得到了国际社会的热烈响应，二者合称"一带一路"战略。2015 年 3 月，《推动共建丝绸之路经济带和 21 世纪海上丝绸之路的愿景与行动》正式发布，"一带一路"发展战略从理念走入实践。据此划定的"丝绸之路经济带"涉及我国新疆、重庆、陕西、甘肃、宁夏、青海、内蒙古、黑龙江、吉林、辽宁、广西、云南、西藏等 13 个省（市、自治区），21 世纪海上丝绸之路则圈定上海、福建、广东、浙江、海南等 5 个省（市），战略上涵盖东南亚、东北亚经济整合，并在融合的基础上通向欧洲，最终形成欧亚大陆区域经济整合的大趋势。与此同时，2014 年 2 月，基于京津冀地区的发展不均衡和疏解北京非首都功能的考量，习近平总书记提出将京津冀协同发展上升到国家战略层面，优化三省市分工协作格局、探索人口经济密集地区优化开发新模式。2015 年 3 月《京津冀协同发展规划纲要》被审议通过，完成了这个承载中国一亿多人口的核心地带发展的顶层设计。长江流域一直是我国农业、工业和服务业最发达的地区之一，长江经济带东起上海，西至云南，自西向东分别形成成渝—长江中游—长江三角洲城市群，是我国经济密度最高的经济走廊之一。2014 年 9 月，《关于依托黄金水道推动长江经济带发展的指导意见》正式印发，部署将长江经济带建设成为具有全球影响力的内河经济带、东中西互动合作的协调发展带、沿海沿江沿边全面推进的对内对外开放带和生态文明建设的先行示范带。2016 年 1 月，习近平总书记在重庆正式提出"促进长江经济带实现上中下游协同发展、东中西部互动合作，把长江经济带建设成为我国生态文明建设的先行示范带、创新驱动带、协调发展带"①。2016 年 3 月,《长江经济带发展规划纲要》由中共中央政治局会议审议通过,确立了长江经济带贯穿 11 个省(市)的"一轴、两翼、三极、多点"②的发展新格局。"三大战略"是"十三五"时期我国区域协调发展的重点,加强"三大战略"的对接,依托"四大板块"对全国区域发展进行总体部署和统筹安排,激发区域协调发展的内生活力,进而推动形成一批新的增长点、增长极和经济轴带。

党的十八大以来,在"三大战略"的引领下,我国进入多极增长阶段,经济版图发生深刻变化,区域协调发展向纵深推进。国务院在 2010—2018 年间先后审议批复包括成渝经济区(2011)、中原经济区(2012)、黑龙江和内蒙古东北部地区沿边开发开放(2013)、洞庭湖生态经济区(2015)、长江中游城市群(2015)、成渝城市群(2016)、中原城市群(2016)、哈长城市群(2016)、长三角城市群(2016)、北部湾城市群(2017)、关中平原城市群(2018)、呼包鄂榆城市群(2018)、兰州—西宁城市群(2018)等一系列跨省区市经济区发展规划,先后成立重庆两江新区、浙江舟山群岛新区、河北雄安新区等 19 个国家级新区,推动形成东西平衡、南北联动的多极增长发展局势。特别值得关注的是,缘起于 2009 年提出的大珠三角"湾区发展计划"的粤港澳大湾区建设被提上日程。2017 年 7 月 1 日《深化粤港澳合作 推进大湾区建设框架协议》在香港签署,旨在打造港澳在内的珠三角城市融合发展的升级版,建立国际一流湾区和世界级城市群。

综上所述,改革开放 40 年以来,通过全局性和长远性的决策与筹划和对发展战略重点在空间上的不断调整,形成了前后联系的四个阶段的区域发展战略的演化与变迁。20 世纪 80 年代,主要从改革开放前的平衡发展战略调整为向东部沿海地区倾斜的非均衡战略的过程;进入 20 世纪 90 年代,国家基于东部地区快速发展的过程中形成的经济增长极经验,开始尝试建立跨省区市经济圈;

---

① 新华社. 习近平:走生态优先绿色发展之路 让中华民族母亲河永葆生机活力 [EB/OL]. (2016 - 01 - 07) [2018 - 10 - 07]. http://www.xinhuanet.com//politics/2016-01/07/c_1117704361.htm.

② "一轴"是以长江黄金水道为依托,发挥上海、武汉、重庆的核心作用,"两翼"分别指沪瑞和沪蓉南北两大运输通道,"三极"指的是长江三角洲、长江中游和成渝三个城市群,"多点"是指发挥三大城市群以外地级城市的支撑作用。

2000 年前后，在区域非均衡发展 20 年后，非均衡发展的弊端逐渐显现，国家先后出台"四大板块"发展战略，推动区域经济协调发展；党的十八大以来，在改革开放三十年中国经济规模的迅速扩大和经济效率的迅猛提升的前提下，进一步提出开放型经济条件下的区域发展"三大战略"，依托"四大板块"和"三大战略"的有机结合，推动区域多极增长，这四个阶段各有侧重，最终形成了当前我国区域经济协调发展的新格局。

参考文献

［1］孙海鸣，赵晓雷．2003 中国区域经济发展报告——国内及国际区域合作［M］．上海：上海财经大学出版社，2003：78．

［2］聂华林，高新才．区域发展战略学［M］．北京：中国社会科学出版社，2006：316－318．

［3］中共中央关于制定国民经济和社会发展十年规划和"八五"计划的建议［J］．中华人民共和国国务院公报，1991（12）．

［4］中共中央关于制定国民经济和社会发展"九五"计划和 2010 年远景目标的建议［J］．人民论坛，1995（10）．

［5］中共中央关于制定国民经济和社会发展第十个五年计划的建议［N］．人民日报，2000－10－19．

［6］中共中央关于制定国民经济和社会发展第十三个五年计划的建议［N］．人民日报，2015－11－04．

［7］国家发展改革委．促进中部地区崛起规划实施意见［EB/OL］．（2010－8－12）［2018－10－07］．http：//www．ndrc．gov．cn/zcfb/zcfbghwb/201008/t20100825＿585474．html．

［8］新华社．习近平：走生态优先绿色发展之路 让中华民族母亲河永葆生机活力［EB/OL］．（2016－1－7）［2018－10－07］．http：//www．xinhuanet．com//politics/2016－01/07/c＿1117704361．htm．

（作者单位：武汉大学马克思主义学院）

新时代中国特色社会主义生产关系的改革方向[①]*

——来自孙冶方、薛暮桥、于光远经济思想的启示

王 松

摘要：习近平总书记在党的十九大报告中指出，中国特色社会主义进入新时代，我国社会主要矛盾已经转化为人民日益增长的美好生活需要和不平衡不充分的发展之间的矛盾。在新时代，生产力水平发生根本性变化，社会主要矛盾已经转化，生产关系也应随之进行重大调整和完善。本文回顾并比较了孙冶方、薛暮桥、于光远三位老一辈经济学家有关生产关系变革的思想，提炼总结了三位老一辈经济学家对于所有制改革和经济体制改革的主要观点，并由此对中国特色社会主义新时代的生产关系改革方向进行了理论判断。

关键词：中国特色社会主义新时代；生产力；生产关系；经济思想史

2017 年 10 月 18 日，党的十九大胜利召开，习近平总书记在报告中强调，当前正处于"全面建成小康社会决胜阶段、中国特色社会主义进入新时代的关键时期"，"我国社会主要矛盾已经转化为人民日益增长的美好生活需要和不平衡不充分的发展之间的矛盾"。对事物性质和发展阶段的判断，是根据事物内在主要矛盾的性质得出的。在社会主义社会中，基本的矛盾仍然是生产关系和生

---

①*本文是国家社会科学基金重大课题"中国特色社会主义政治经济学探索"（2016ZDA002）的阶段性成果。

产力之间的矛盾、上层建筑和经济基础之间的矛盾，社会主义生产关系已经建立起来，它是和生产力的发展相适应的。但是，它又还很不完善，这些不完善的方面和生产力的发展又是相矛盾的。因此，在中国特色社会主义新时代，对社会主义基本矛盾的变化进行分析，厘清生产关系调整、变革、完善的方向，就成为一项具有重大意义的研究课题。

中华人民共和国成立以来，我国生产关系调整经历了两个阶段，第一个阶段是通过 1953—1957 年社会主义三大改造，逐步建立起社会主义经济制度，第二个阶段是 1978 年以来进行的所有制结构调整和经济体制改革。经过这两个阶段生产关系的重大调整，极大地解放和发展了生产力。习近平总书记在十九大报告中指出，"我国社会生产力水平总体上显著提高，社会生产能力在很多方面进入世界前列，更加突出的问题是发展不平衡不充分，这已经成为满足人民日益增长的美好生活需要的主要制约因素"。抓住社会主要矛盾，适应生产力水平，迫切要求生产关系进行相应的调整和变革，也正是在这个层面上，习近平总书记做出了中国特色社会主义进入新时代的论断。

在我国社会主义革命和建设的各个发展阶段的转换期间，都掀起了政治经济学研究的高潮，这些研究有力地推动了理论探索，引领了经济建设和改革的实践。1955 年，党中央宣传部邀请孙冶方、薛暮桥、于光远三位老一辈经济学家（下文简称"三老"）主持编写一本中国版的社会主义政治经济学教科书，到 20 世纪 80 年代，三老将他们的研究成果整理并发表出来。他们的研究观点和政策建议，有力地激发了思想解放和理论创新，推动了社会主义经济改革，成为中国特色社会主义政治经济学的宝贵成果。

在新时代的关键时期，坚持和发展中国特色社会主义政治经济学，应当传承老一辈经济学家的经济思想，从中汲取营养，推动这一理论体系的不断完善。在实践中，应当自觉运用这一科学理论正确认识和把握我国社会主要矛盾的变化，分析我国生产力发展要求和生产关系变化状况，探析社会主义生产关系改革的方向，推动中国特色社会主义事业向前发展。

本文首先对"三老"经济思想的理论基础进行梳理，紧接着比较了"三老"

关于生产关系变革的观点，最后提出了"三老"生产关系变革思想对于新发展阶段的启示意义。

一、"三老"经济思想的理论基础

面对我国社会主义革命和建设不同发展阶段的具体问题，孙冶方、薛暮桥、于光远等老一辈经济学家进行了广泛持久而深入的研究和讨论。他们的许多理论观点成为国家政策制定的依据，进而指导了社会主义经济建设，都是中国特色社会主义政治经济学的宝贵成果。由于处于同一时代背景，面临同样的经济问题，他们的理论观点和政策建议存在诸多相似之处，但是这些经济思想的理论基础却各有特点。抽象地来看，大致可以概括为孙冶方的产品价值论、薛暮桥的商品经济论、于光远的生产力标准论。

（一）孙冶方经济思想的基础理论

孙冶方的经济理论和政策建议大都以产品价值论为基础，尤为强调价值规律在调节经济和促进生产社会化中的重要作用。他认为价值是社会化大生产的共性，在商品经济条件下采取交换价值的表现形式，在共产主义社会则通过计划和统计的方式直接体现出来。

价值规律是社会化大生产的客观规律。一方面，社会主义经济存在全民所有制和集体所有制两种公有制形式，二者之间还存在商品交换，这从商品价值规律的"外因论"角度揭示了价值规律的存在依据。另一方面，全民所有制内部的经济往来要坚持等价原则进行产品交换，价值规律是从这种生产关系中必然引出来的客观规律，这是价值规律存在的"内因论"，即产品价值规律。因此，根据价值规律，产品价值由社会平均必要劳动时间决定，交换比例由价值调节，这种价值规律就表现在社会化大生产的基础之上，同时要求社会生产以最小的消耗取得最大的经济效果。以此为基础，孙冶方论证了社会主义商品经济的客观必然性，强调了"等价"在其中的重要性。

孙冶方进一步从价值论出发，揭示了社会生产力和生产关系的矛盾运动过程。这表现在他对贯穿社会主义政治经济学的红线问题的探讨，指出红线应当是"以最少的社会劳动消耗，有计划地生产最多的满足社会需要的产品"①。这体现了价值和价值规律在社会主义经济中的重要作用，体现了社会主义社会的生产目的。因此，在社会主义革命和建设中，政治和经济是不可分割的，都是为了发展生产力，促进社会主义生产关系逐渐成熟。孙冶方认为，在分析生产关系时，不能孤立地探讨生产关系变革，而是必须与生产力和上层建筑联系起来。正是以此为理论基础，孙冶方阐发了他对所有制、按劳分配、经济体制等社会主义生产关系具体形式进行改革的理论观点。

（二）薛暮桥经济思想的立论基础

薛暮桥长期参与我国的经济政策制定和制度设计，侧重从经济建设的实际出发，总结概括实践经验。他认为社会主义生产关系应能促进生产力的发展，应当通过发展商品经济来推动社会主义生产关系逐渐成熟。可以说，薛暮桥是我国经济学界较早提出社会主义经济是商品经济的经济学家，这一理论观点是他论证社会主义生产关系改革的主要依据，也成为他开展经济工作的重要理论基础。

薛暮桥认为，社会主义生产关系是一个逐步成熟和完善的发展过程，"社会主义应当建立在社会化大生产的基础上，而社会化大生产是以商品经济的充分发展为前提"②。在半殖民地半封建社会的旧中国，商品经济很不发达，当时发展起来的资本主义商品经济带有明显的买办资本、官僚资本的特性，民族资本一直受到压制。自然经济在广大农村和城市手工业中占据优势地位，缺乏社会分工，生产社会化程度不高。因此，"我国在生产资料私有制的社会主义改造完成以前，也主要是变革生产关系，解放生产力"③。中华人民共和国成立后，通过对生产资料私有制的社会主义改造，公有制的社会主义生产关系在我国建立起来，促进了生产力发展。这证明在一个物质文化落后的国家，无产阶级掌握

---

①孙冶方. 社会主义经济论稿［M］. 北京：商务印书馆，2015：4.

②薛暮桥. 中国社会主义经济问题研究［M］. 广州：广东经济出版社，1998：8.

③薛暮桥. 中国社会主义经济问题研究［M］. 广州：广东经济出版社，1998：7.

政权后能够利用经济规律，建立起社会主义经济制度。但是，在社会主义改造后期及以后，过快过急地建立单一公有制，盲目追求"一大二公"，实行计划经济体制，这一做法违反了客观经济规律，"我们忽视了我国还没有经历资本主义发展阶段，在农村中自然经济还占优势这个事实"[①]，在此基础上建立社会主义"必然要保留许多旧社会的痕迹"[②]。农村人民公社"基本上是自然经济或半自然经济在较大规模上的重演"[③]。国营企业虽然规模很大，但条块分割的行政管理"使企业缺乏活力，妨碍社会经济内部形成合理的横向联系"[④]。

历史事实表明，"商品经济是社会经济发展不可逾越的阶段，自然经济总要发展到商品经济"[⑤]。随着商品生产发展，自然经济逐步解体，社会分工充分发展，生产力水平提高，使小生产转变成为社会化大生产，对生产力进步起着巨大的推动作用。薛暮桥指出，事实证明，与商品经济发展中自然形成的社会化大生产相比，行政办法建立起社会化大生产的效率很低。因此，我们应当正确认识和承认社会主义商品经济的必然性，按客观规律办事。以此为理论出发点，他进一步提出，我国是生产资料公有制占优势、多种经济成分并存的商品经济，把握好生产资料和劳动者的结合方式，利用商品货币关系来发展社会主义，建立计划指导下的商品经济体制。

（三）于光远经济思想的理论出发点

于光远坚持历史唯物主义的基本原理，强调生产力标准在政治经济学研究和社会主义建设实践中的重要性，提出"在同生产关系发生关系的限度内才去研究生产力"[⑥]，并倡导构建和发展"生产力经济学"这一独立的基础理论学科。他对生产力概念、我国生产力发展水平等问题的探讨是其理论观点的重要基础。

于光远认为，"生产力发展状况是制约社会主义自身发展的成熟程度的最重

---

① 薛暮桥. 论中国经济体制改革 [M]. 天津：天津人民出版社，1990：441.
② 薛暮桥. 论中国经济体制改革 [M]. 天津：天津人民出版社，1990：441.
③ 薛暮桥. 中国社会主义经济问题研究 [M]. 广州：广东经济出版社，1998：305.
④ 薛暮桥. 中国社会主义经济问题研究 [M]. 广州：广东经济出版社，1998：305.
⑤ 薛暮桥. 中国社会主义经济问题研究 [M]. 广州：广东经济出版社，1998：304.
⑥ 于光远. 于光远经济论著全集：第 2 卷 [M]. 北京：知识产权出版社，2015：14.

要因素，也是制约社会主义社会从一个阶段向另一个阶段演进的最重要因素"①。他指出，我国的社会主义革命和建设脱胎于经济文化落后的社会条件，虽然具备了建立社会主义社会所需的基本生产力水平，但生产力水平较低，是一个不成熟的非典型的社会主义国家。纵向上看，不同技术时代的生产力并存；横向上看，各部门、地区和城乡的生产力水平差异明显，且发展不平衡。面对这一情况，发展生产力是直接的中心任务。因此，生产关系的确立应当与生产力的发展水平和条件相适应。由此，于光远进一步分析了生产力和生产关系的对应关系，认为二者之间存在"多一对应"② 和"一多对应"③ 两种形态的关系，构成了一个复杂的有弹性的对应体系。在具体问题面前，还需要分析生产关系与生产力之间的相互作用机制。于光远认为，生产关系促进或阻碍生产力发展的途径有两个，"一个是通过生产者的积极性的提高，一个是合理的生产组织的建立和改善"④。这为生产力和生产关系矛盾运动这一宏观的基本原理建立了可探寻的微观基础，为解决所有制结构、按劳分配、企业经营管理等具体问题找到了现实依据和着力点。

我国生产力水平低下的客观现实，为社会主义初级阶段理论奠定了基础，为发展社会主义商品经济提供了现实支撑。这反过来又成为于光远的"所有制实现论""企业组织""经济体制改革""社会经济效果观"等理论提供了出发点。他指出，改革就是要革除社会主义生产关系中与社会生产力的发展不相适应的那些环节和方面。这种调整"不仅是要保证整个国民经济沿着社会主义方向前进，而且从根本上讲是要使社会经济结构的状态更有利于社会生产力的发展"⑤。这才能促进社会主义生产关系逐渐成熟，人们的生活水平不断改善，推动社会主义社会向前发展。

①于光远. 中国社会主义初级阶段的经济 [M]. 北京：中国财政经济出版社，1988：191.

②于光远. 中国社会主义初级阶段的经济 [M]. 北京：中国财政经济出版社，1988：279.

③于光远. 中国社会主义初级阶段的经济 [M]. 北京：中国财政经济出版社，1988：280.

④于光远. 中国社会主义初级阶段的经济 [M]. 北京：中国财政经济出版社，1988：283.

⑤于光远. 中国社会主义初级阶段的经济 [M]. 北京：中国财政经济出版社，1988：45.

二、"三老"对不同发展阶段生产关系变革的比较研究

我国的社会主义革命和建设经历了"社会主义过渡时期"和"社会主义初级阶段"两个发展阶段，实现了生产关系的变革，并不断促进社会主义生产关系的改革和完善，推动了社会生产力的进步。生产关系是一个宏大的概念，一般认为包括生产、分配、交换、消费四个环节，涵盖了社会经济的生产过程和流通过程。与此相联系，在变革和调整生产关系的实践中，主要涉及生产资料所有制、经济管理体制等方面。在我国的社会主义革命和建设中，孙冶方、薛暮桥、于光远等老一辈经济学家围绕这些方面展开了大量卓有成效的研究和讨论，其中许多理论观点成为制定国家相关政策的依据，有力地推动了我国的经济建设和改革开放，促进了中国特色社会主义事业的发展。

（一）关于社会主义生产关系变革的研究

生产关系是判别社会经济形态的一个重要标志。社会主义社会与以往人类社会经济形态的最大不同，就是人们能够自觉自主地建立起以生产资料公有制为基础的社会主义生产关系。

在社会主义过渡时期，我国通过对生产资料私有制的社会主义改造，变革了生产关系。三位老一辈经济学家普遍认可通过国家政权建立社会主义生产关系的做法，指出这为解放和发展生产力提供了有利条件。他们进一步提出，要联系生产力发展水平，按客观经济规律办事，不断巩固和发展社会主义生产关系。薛暮桥认为，"在社会主义改造基本完成以后，已经把生产资料私有制改造为公有制，就应当稳定和完善生产关系，保护和发展生产力了"[①]，主张将社会主义生产关系当作一个发展过程来研究，期间必须经过若干个发展阶段，不断的量变和部分质变，促使社会主义制度得到巩固，并逐步走向成熟。于光远通过历史考察，指出1949年到1956年的社会主义改造使社会主义所有制经济在国

[①]薛暮桥. 中国社会主义经济问题研究［M］. 广州：广东经济出版社，1998：7.

民经济中逐渐占据优势，使我国建立为社会主义社会。孙冶方则认为，"国民经济的社会主义改造，只是社会主义生产关系产生的前提，而不是这种生产关系本身的运动"①，社会主义生产关系具有相对独立性，必须根据客观经济规律引导社会主义生产关系的健康发展。

进入社会主义初级阶段，在发展初期，我国急于过渡到生产资料公有制，忽视了生产力水平低下的客观现实，凭主观意愿搞"穷过渡"。孙冶方指出，"社会生产关系的变革不能诉之于'道德'观念"②，而是在无产阶级夺取政权后逐步建立起来的，有一个从不完善到完善的发展过程。特别是，落后国家的社会主义革命不仅要创造新的生产关系，还要创造作为社会主义的物质基础，提出应重视价值规律在社会化大生产中的重要作用，利用价值规律来促进社会主义生产关系变化发展。而这种"穷过渡"则容易造成生产力的巨大破坏。薛暮桥指出，"建成一个成熟的社会主义国家，主要标志是生产关系的变革。这一变革，是以生产力的巨大发展为前提的"③。而商品经济发展可以提高生产社会化程度，促进生产力的巨大发展，应当在商品经济充分发展的基础上建设社会主义。他提出社会主义初级阶段就是实现"四个现代化"的历史时期，要改革社会主义生产关系中不适应生产力发展的部分，这"可以使社会主义生产关系更加完善，更加巩固。只有将来生产力极大发展，人们的共产主义觉悟极大提高，可以逐步向共产主义高级阶段过渡的时候，才需要变革社会主义生产关系"④。于光远指出，我们"在社会生产关系上追求'一大二公'，认为越大越公越好"⑤，在发展社会生产力上采用"大跃进"的办法，忽视了生产力和生产关系发展的客观规律，高估了我国社会主义的发展阶段。

三位老一辈经济学家从各自的理论视角出发，阐述了社会主义生产关系建立、完善和成熟的变革过程，实事求是地提出应当对生产关系超越生产力发展

①孙冶方. 社会主义经济论稿［M］. 北京：商务印书馆，2015：439.
②孙冶方. 社会主义经济论稿［M］. 北京：商务印书馆，2015：436.
③薛暮桥. 中国社会主义经济问题研究［M］. 广州：广东经济出版社，1998：26.
④薛暮桥. 中国社会主义经济问题研究［M］. 广州：广东经济出版社，1998：12.
⑤于光远. 中国社会主义初级阶段的经济［M］. 北京：中国财政经济出版社，1988：57.

水平的情况进行改革，主要从两个方面着手：一是对社会主义所有制形式的改革，二是对社会主义经济管理体制的改革。这两个方面也成为我国社会主义革命和建设的实践当中社会主义生产关系的具体表现形式，贯穿着我国社会主义生产关系调整和改革的变化发展过程，而收入分配制度、财税体制、企业管理、价格政策、货币政策等生产关系调整都主要是围绕这两个方面展开的。

（二）关于社会主义所有制形式改革的研究

所有制是生产关系的总和。我国的社会主义革命和建设首先从所有制着手开始变革生产关系。在社会主义过渡时期，我国通过对生产资料私有制的社会主义改造，建立起以公有制为标志的社会主义生产关系。进入社会主义初级阶段以来，公有制经济在社会主义经济中已占据主体地位，而非公有制经济的发展始终存在较大争议。改革开放以后，我国的经济体制改革首先从所有制形式改革入手，逐渐形成以公有制经济为主体、多种所有制经济共同发展的所有制格局。面对这些重大理论和现实问题，三位老一辈经济学家对所有制问题进行了深入研究，主要涉及生产关系与所有制的相互关系、公有制生产关系的发展以及多种经济成分并存等方面。

孙冶方着重强调了所有制问题在生产关系中的地位，分析了二者的相互关系。他认为所有制问题是生产关系中的关键问题，在不同社会关系下有着不同的形式，并进一步指出，所有制关系只是生产关系的法律用语，"不同意在生产关系之外研究所有制问题"[1]。对此，他对斯大林关于生产关系的定义进行了批判，肯定了斯大林提出的重视价值规律在社会主义生产关系发展中的作用，但不同意斯大林将所有制关系独立出来同生产和分配关系并列的处理方法，认为这是脱离生产关系去研究所有制问题，是一种形而上学。我国的生产关系变革正是存在这种孤立地单纯改变所有制关系的做法，孙冶方指出，"这种认为公有制规模越大——不管生产力水平和实际生产关系如何——社会主义就越完善，只要不断在所有制的法律规定上不断升级，就可以飞速奔向共产主义'天堂'

---

[1] 孙冶方. 社会主义经济论稿 [M]. 北京：商务印书馆，2015：413.

的观点，是一种形而上学或法学的幻想"①。

于光远认为，在社会主义社会中，"社会主义所有制形式得以不断发展，它的主体地位得以不断加强"②。他指出，社会主义所有制的基本性质在于生产资料不是一般的公有，而是全社会的公共所有。这一"基本性质是处在一个逐步成熟的过程之中。成熟的进程，和社会生产力的发展及生产社会化的发展是相吻合的；成熟的程度，则是由社会生产力水平及生产社会化水平决定的。衡量它的成熟程度的标准，不是所谓'一大二公'；它由不成熟到成熟，也不是靠人为地搞'一大二公'所能实现的"③。社会主义所有制的具体形式在其基本性质成熟过程中不断演化，是影响社会生产力发展的重要因素。于光远指出，"社会生产力和社会生产关系之间的矛盾，主要是通过社会生产力和社会主义所有制的具体形式之间的矛盾表现出来的"④。

薛暮桥进一步指出推进公有制具体形式发展的重要意义。他认为，应当完善经济结构和经营管理，使国营经济更加壮大，充分发挥它在国民经济中的主导作用。农村则应当因地制宜地发展多种经营和分工协作，促进大规模先进生产技术的应用，形成多样的完善的合作经济。这将促进工农、城乡的结构变化，缩小二元差别，推动生产建立在社会化的物质基础上。基于对商品经济发展能够有效提高生产社会化程度的认识，薛暮桥认为，在我国社会主义经济中，公有制经济占主体地位、多种所有制经济并存是一个客观事实，应当承认这一现实，从实际出发，建立多种所有制经济共同发展的商品经济。他主张"使国有经济（中央和省市县公有制）保持主导地位，城乡集体经济成为国有经济的强有力的助手，个体经济和私营经济成为必要的补充"⑤。在多种经济成分并存问题上，于光远认为，个体经济、私营经济、外资经济等"非社会主义所有制经济成分必然是对社会主义所有制经济起助手和补充的作用，而不是对社会主义

①孙冶方. 社会主义经济论稿 [M]. 北京：商务印书馆，2015：428.
②于光远. 中国社会主义初级阶段的经济 [M]. 北京：中国财政经济出版社，1988：181.
③于光远. 中国社会主义初级阶段的经济 [M]. 北京：中国财政经济出版社，1988：294.
④于光远. 中国社会主义初级阶段的经济 [M]. 北京：中国财政经济出版社，1988：295.
⑤薛暮桥. 论中国经济体制改革 [M]. 天津：天津人民出版社，1990：449.

所有制经济起破坏和损害的作用"①。他进一步指出，"在社会主义初级阶段中，由于社会主义经济的力量已经很强大，因此我们就可以有把握地把个体经济和资本主义经济在社会主义所有制经济占据主导地位下的存在和适当发展，看作是有利于社会主义所有制进一步巩固和发展的东西"②。非公有制经济所具有的资本主义性质和社会主义之间不是此消彼长的关系，而是对社会主义公有制经济的补充。

三位老一辈经济学家关于所有制改革的经济思想，促进了改革开放之初人们的思想解放，有力地推动了经济体制改革的进程，并且有效解决了80年代初我国面临的2000多万城镇待业人员的就业问题，以及人民群众的物质生活改善问题等具体问题。正是基于对所有制问题和社会主义生产关系发展问题的正确认识，我国逐渐探索建立了"以公有制经济为主体，多种所有制经济共同发展"的基本经济制度。

（三）关于社会主义经济管理体制改革的研究

经济管理体制是生产关系的重要方面，是国民经济运行和发展的重要内容，涵盖运行体制、经济计划、发展比例、政府与企业的关系、中央与地方的关系、积累与消费的关系、财政体制、货币政策和宏观调控等诸多具体问题。我国对社会主义经济管理体制的改革，是与所有制形式改革同步进行的，在多种所有制经济共同发展的基础上，逐步建立起社会主义市场经济体制。这一生产关系改革过程的核心问题就是如何正确认识计划和市场两种调节方式的地位和作用，如何使二者有效结合起来。

孙冶方从价值论出发，提出了他的经济管理体制改革理论和建议。他认为，国民经济计划在社会主义经济中十分重要，但必须建立在价值规律的基础上才能实现。计划和比例如果缺乏价值基础，实际上就只是一个实物量的计划和比例。统计工作不仅应注意"物质财富的统计，而且更应该注意物质生产的价值

---

① 于光远. 中国社会主义初级阶段的经济 [M]. 北京：中国财政经济出版社，1988：182.
② 于光远. 中国社会主义初级阶段的经济 [M]. 北京：中国财政经济出版社，1988：44.

方面的计算"①。如果不讲等价交换,不尊重价值法则,不注重经济效果,就会导致国民经济发展比例失衡,缺乏改进生产技术,促进生产力发展的动力。在此理论基础上,孙冶方强调从产品使用价值和价值二重性出发,重视"实物指标和价值指标在经济管理中的作用"②,进而提出计划经济体制应是"大计划、小自由"。他特别强调发挥价值规律的杠杆作用,在价值指标中要抓住利润这一中心环节。这就要求企业具有独立核算的身份地位,在社会生产体系中存在一定的"小权"。因此,他进一步指出,"国民经济管理体制改革的核心是正确处理国家集中领导和企业独立经营的关系"③。另一方面,孙冶方通过分析价值规律在社会主义生产关系发展中的作用,论证了社会主义商品交换的存在依据,强调通过价值规律对流通过程的调节,能够促进社会化大生产,促进社会主义发展。这有助于我们正确认识计划经济体制下流通的重要地位和作用,为改革开放初期,扩大企业自主权,建立有计划的商品经济等起到重要的推动作用。

薛暮桥认为我国应当建立计划指导下的商品经济。他指出我国在社会主义初级阶段的"社会主义经济是生产资料公有制占优势、多种经济成分并存的商品经济,必须建立与之相适应的经济体制"④。从社会主义公有制出发,他指出"全民所有制经济在国民经济中占有巩固的领导地位,有可能也有必要建立国民经济的计划管理制度"⑤,实现高速度、按比例的发展生产,并保证合理分配,从而满足人民日益增长的物质和文化生活的需要。因此,国民经济计划"首先应当正确规定积累和消费的比例关系"⑥,保证经济发展速度和比例之间的关系,实现国民经济综合平衡和人民生活水平不断改善。另一方面,国民经济计划应当按照社会化大生产的客观规律办事,这要求充分发展社会主义商品经济,"保留并充分利用商品经济的形式,使管理体制适应商品经济发展的需要"⑦。因而,

①孙冶方. 孙冶方经济文选 [M]. 北京:中国时代经济出版社,2010:11.

②孙冶方. 社会主义经济论稿 [M]. 北京:商务印书馆,2015:83.

③孙冶方. 社会主义经济论稿 [M]. 北京:商务印书馆,2015:406.

④薛暮桥. 薛暮桥经济文选 [M]. 北京:中国时代经济出版社,2010:7.

⑤薛暮桥. 中国社会主义经济问题研究 [M]. 广州:广东经济出版社,1998:144.

⑥薛暮桥. 中国社会主义经济问题研究 [M]. 广州:广东经济出版社,1998:151.

⑦薛暮桥. 中国社会主义经济问题研究 [M]. 广州:广东经济出版社,1998:304.

适应我国具体情况的经济管理体制是"在公有制基础上实行计划经济和发挥市场调节的辅助作用"①，形成指令性计划、指导性计划和市场调节等多种管理方式。改革过程中，要微观上放活，加强宏观控制，特别要注重利用价值规律将各市场主体的"经济活动纳入国家计划的轨道"②，将有计划按比例发展规律和价值规律结合起来，在宏观层面发挥计划指导作用，而微观经济活动则由市场调节。

于光远强调社会主义的经济体制改革必须坚持生产力标准，要消除高度集中的经济体制中不利于生产力发展的因素，完善和巩固社会主义经济制度。他认为根据生产力发展水平，我国的社会主义经济仍然是一种商品经济，"社会主义制度下经济的有计划的发展也就应该是社会主义商品经济的有计划的发展"③。在经济管理体制改革中，要处理好计划经济和商品经济的相互关系，处理好社会主义国家中领导管理的自觉性和社会经济中的自发性的关系问题。于光远指出，社会主义经济管理的计划性是建立在社会经济生活的有组织性和生产资料归社会所有这两个基础上，要有计划地促进社会生产力发展，无产阶级政党还要通过国家政权有计划地巩固和发展社会主义生产关系，"因此我们一直强调党的领导作用和政府的管理职能"④。另一方面，有计划的发展要从客观实际出发，按照经济规律采取措施来促进社会经济发展，这就要求探寻和尊重商品经济的客观规律。于光远指出，"实行社会主义的商品经济（或者说市场经济）同实行按劳分配一样，是社会主义本质的要求"⑤，并进一步提出"社会主义＝生产资料归社会所有＋（按劳分配＋社会主义商品关系）"⑥。因此，社会主义计划必须自觉运用价值规律，发展在公有制基础上的有计划的商品经济。

三位老一辈经济学家对社会主义经济管理体制改革的研究，使人们深化了

---

① 薛暮桥. 中国社会主义经济问题研究 [M]. 广州：广东经济出版社，1998：290.
② 薛暮桥. 中国社会主义经济问题研究 [M]. 广州：广东经济出版社，1998：8.
③ 于光远. 中国社会主义初级阶段的经济 [M]. 北京：中国财政经济出版社，1988：170.
④ 于光远. 中国社会主义初级阶段的经济 [M]. 北京：中国财政经济出版社，1988：177.
⑤ 于光远. 于光远经济文选 [M]. 北京：中国时代经济出版社，2010：125.
⑥ 于光远. 中国社会主义初级阶段的经济 [M]. 北京：中国财政经济出版社，1988：105.

对计划和市场的关系的认识。他们通过对有计划按比例发展规律和价值规律的深入探索，揭示了社会主义商品经济的运行和发展规律，逐渐探索出社会主义市场经济规律，有力地推动了经济体制改革。在社会主义建设的理论和实践探索中，我国逐步建立起社会主义市场经济体制，探寻出使市场在资源配置中起决定性作用和更好发挥政府作用的经济运行规律。

三、 新时代中 "三老" 经济思想的启示意义

当前，中国特色社会主义进入新时代，社会主义初级阶段进入新的发展阶段。我们要在新的历史起点上，全面深化改革，不断解放、发展和保护生产力，继续推进社会主义生产关系走向成熟。孙冶方、薛暮桥、于光远等老一辈经济学家对"社会主义过渡时期"和"社会主义初级阶段"的社会主义生产关系各方面问题的研究和理论探索，为中国特色社会主义政治经济学发展提供了宝贵成果，对中国特色社会主义新时代的生产关系调整和改革仍然具有重要的启示意义。

（一）在新时代促进社会主义生产关系走向成熟

在社会主义过渡时期，我国建立起了社会主义生产关系。孙冶方曾指出，"国民经济的社会主义改造，只是社会主义生产关系产生的前提，而不是这种生产关系本身的运动"[①]，强调联系生产力和上层建筑来研究生产关系的发展。薛暮桥主张"把社会主义生产关系当作一个发展过程来研究"[②]，提出"只有迅速提高我们的社会生产力，才能够巩固社会主义生产关系，并使它继续向前发展"[③]。因此，要从生产力和生产关系的相互作用出发，把握好上层建筑和经济基础之间的关系，促进社会主义生产关系走向成熟。这一发展过程必然经过若干个发展阶段，根本方向是沿着社会主义道路继续前行。

---

① 孙冶方. 社会主义经济论稿 [M]. 北京：商务印书馆，2015：439.
② 薛暮桥. 中国社会主义经济问题研究 [M]. 广州：广东经济出版社，1998：9.
③ 薛暮桥. 中国社会主义经济问题研究 [M]. 广州：广东经济出版社，1998：26.

社会主义初级阶段是我国最大的国情。于光远指出，"社会主义阶段最根本的任务是发展生产力，那么在社会主义初级阶段，这个任务就更具有紧迫性"[①]。社会主义生产关系改革就是要促进生产力的发展，使社会主义优越性逐步得到发挥。他进一步研究了我国社会主义初级阶段中的阶段划分问题，认为1957年到1978年是社会主义初级阶段发展的第一阶段或起始阶段，第二阶段从1979年开始，是社会主义初级阶段的改革阶段，并估计这个阶段的结束时间在"下一个世纪10年代以后"[②]，即是中国特色社会主义的当前发展时期。他还认为在社会主义初级阶段的第三阶段，将是生产关系改革后形成的新体制相对稳定的阶段。根据于光远所划分的阶段，我国当前应当正处于从第二阶段向第三阶段过渡的时期。经过近40年的改革开放，我国已经建立起中国特色社会主义制度，社会生产力水平明显提高，人民生活显著改善，人民对美好生活的向往更加强烈，人民群众的需要呈现多样化多层次多方面的特点。这是我国社会主义社会发展的阶段性特征，是社会主义初级阶段开始进入新的发展阶段的标志，促使我国社会主要矛盾发生转化。

理论和实践都证明，社会主义生产关系的调整和改革能够促进生产力的巨大发展，能够充分发挥社会主义优越性。于光远曾指出，"在社会主义制度下，生产力的发展速度是以前所没有的。适应着生产力的发展，在社会主义制度下生产关系也就会发生变化"[③]。在中国特色社会主义新时代，坚持辩证唯物主义和历史唯物主义的方法论，要更准确地把握我国社会主义初级阶段主要矛盾的转化，适应新的生产力发展水平，继续巩固和发展社会主义生产关系。只有这样才能不断发挥社会主义优越性，促进社会主义经济文化及社会生活稳定发展，使生产力水平进一步提高，满足人民日益增长的美好生活需要，把我国逐渐建成一个成熟的社会主义社会。

（二）在混合所有制改革中发展壮大社会主义公有制经济

生产资料所有制改革是社会主义生产关系改革的核心问题。在进入社会主

---

①于光远. 中国社会主义初级阶段的经济 [M]. 北京：中国财政经济出版社，1988：255.
②于光远. 中国社会主义初级阶段的经济 [M]. 北京：中国财政经济出版社，1988：51.
③于光远. 于光远经济论著全集：第2卷 [M]. 北京：知识产权出版社，2015：12.

义初级阶段的初期，我国曾片面追求公有制经济，认为公有制越纯越好，规模越大越好。改革开放以来，我国破除了这种对公有制形式的"形而上学的或法学的幻想"①，根据生产力标准，革除了单一公有制下社会主义生产关系中不适应生产力发展的环节和部分，逐步建立起公有制为主体、多种所有制经济共同发展的所有制结构，推动了生产力水平提高，使人民群众的生活得到改善。当前，中国特色社会主义进入新时代，推动社会主义经济所有制形式的深化改革，必须大力发展混合所有制经济。

在社会主义所有制形式的认识问题上，孙冶方认为不能脱离生产关系而孤立地看待所有制，他指出"古今中外，有各种各样的'社会主义'，如何判别真假？孤立地从所有制形式上看是分别不清的，因为都实行公有制；但从生产关系的总和看就可以区别得一清二楚"②。一些国家虽然在形式上实行生产资料公有制，如果联系其内政外交，从生产、分配、交换的过程中人与人之间的关系去考察，就会认清这些社会主义的真假。孙冶方指出，"只有当这种公有制能够体现社会主义生产关系的总和的时候，它才是真实的社会主义的公有制"③。薛暮桥正是从生产关系的总和上把握所有制问题，他认为促进社会主义生产关系的成熟，要求社会生产力得到巨大发展，公有制经济更加完善和壮大。这种成熟的社会主义生产关系中，生产上"社会产品丰富到能够基本上满足人民群众日益增长的物质和文化生活需要"④，分配上劳动人民按劳动取得报酬，消费上人们可以自由选购自己所需的品种多、质量好的生活资料，能够解决好住房、医疗、教育和精神文化等问题。当前，认识和把握我国社会的主要矛盾，应当从生产关系上考察我国现存的各种所有制形式，充分认识到我国当前面临的生产相对过剩、收入差距拉大等问题，以及人民群众对物质生活、教育、医疗、住房和精神文化等美好生活的需要。

①马克思，恩格斯. 马克思恩格斯选集：第4卷 [M]. 中共中央马克思恩格斯列宁斯大林著作编译局，译. 北京：人民出版社，1995：536.

②孙冶方. 社会主义经济论稿 [M]. 北京：商务印书馆，2015：428.

③孙冶方. 孙冶方经济文选 [M]. 北京：中国时代经济出版社，2010：221.

④薛暮桥. 中国社会主义经济问题研究 [M]. 广州：广东经济出版社，1998：26.

这就启发我们从生产关系总和的视角出发，正确认识社会主义初级阶段的所有制改革问题，推进公有制经济基础上的社会主义生产关系各个方面不断发展。于光远曾指出，在社会主义初级阶段中，"社会主义所有制形式的经济居主导地位，而且这种主导地位是不断加强的。因而社会主义社会的经济也就是坚持社会主义的道路，使社会主义事业得到不断发展的经济"[①]。在现阶段的混合所有制改革中，不能只是单纯强调引入社会资本参与公有制经济，而应当通过"双向混改"，扩大公有制经济的控制力和影响力，要理直气壮地发展壮大公有制经济，使公有制通过混合所有制形式体现社会主义生产关系总和，促进社会主义公有制不断成熟，推动生产力的发展，进而有效解决我国发展不平衡不充分的问题。

（三）在社会主义市场经济中促进政府与市场作用的有机结合

经济管理体制改革是生产关系的重要方面，是经济体制改革的主要内容，其核心是正确处理政府与市场的关系，即计划调节和市场调节两种作用的相互关系。改革开放以来，我国的经济体制改革经历"计划经济为主，市场调节为辅""有计划的商品经济"到"社会主义市场经济"的发展过程，逐渐理顺了政府与企业、中央与地方、计划与市场等关系，使经济管理体制日趋成熟和完善。在中国特色社会主义新时代，深化经济体制改革，要使市场在资源配置中起决定性作用和更好发挥政府作用。

市场调节资源配置是市场经济的一般规律，其中主要是发挥价值规律对商品生产和交换的调节作用。社会主义改造完成后，我国在社会主义初级阶段初期建立了计划经济体制，商品经济的范围非常小。孙冶方指出，"价值规律在没有自由市场和自由市场受约束的条件下，它变得不灵敏了，可是它存在着"[②]。他认为，价值规律仍然存在于两种公有制之间的商品交换和公有制经济内部的等价交换之中，特别强调价值规律的生产调节作用，即分配社会生产力的作用，

[①] 于光远. 中国社会主义初级阶段的经济 [M]. 北京：中国财政经济出版社，1988：182.

[②] 孙冶方. 孙冶方经济文选 [M]. 北京：中国时代经济出版社，2010：7.

提出计划调节要建立在价值规律的基础上，促进社会生产，调节生产力，实现国民经济有计划按比例的发展。这使我们初步认识到计划调节与市场调节的相互关系和具体作用形式。改革开放后，我国对计划经济和商品经济的认识不断深入，发现社会主义经济是有计划的商品经济。于光远指出，这就要研究和解决一个突出问题，即"社会主义制度下的计划性和商品经济关系的问题"[1]。薛暮桥认为，处理好二者关系要把有计划按比例发展规律与价值规律结合起来，尊重和发挥市场对微观经济活动的自发调节作用，在宏观上发挥计划调节作用，自觉利用价值规律来开展经济工作，使经济发展符合计划指导。

在中国特色社会主义新时代，经济体制改革就是要在社会主义和市场经济的结合上下功夫，在经济管理体制上实现政府和市场作用的有机结合。薛暮桥强调，"进行经济管理体制的改革，必须坚持社会主义道路"[2]。于光远曾指出，"整个社会主义初级阶段乃至整个社会主义历史阶段都可以说是一个带有过渡性质的历史时期"[3]，在向共产主义高级阶段过渡的过程中，无产阶级政权要对社会主义生产关系起到引导和巩固的作用。这是发挥好党和政府作用的根本依据，要通过政府的计划调节保证国民经济高速度、按比例的发展，从而不断提高人民生活水平，促进生产力快速发展。因此，正确认识和把握社会自然规律，完善社会主义市场经济体制，要求"有为政府"和"有效市场"相结合，激发市场经济的活力，使社会主义优越性充分显现出来。[4] 发挥市场调节能够促进社会化大生产的作用，保证市场经济朝着有利于社会主义建设的方向发展，把中国特色社会主义推向前进，促进社会主义生产关系走向成熟，建成现代化的社会主义强国。

---

①于光远. 中国社会主义初级阶段的经济 [M]. 北京：中国财政经济出版社，1988：170.

②薛暮桥. 中国社会主义经济问题研究 [M]. 广州：广东经济出版社，1998：182.

③于光远. 中国社会主义初级阶段的经济 [M]. 北京：中国财政经济出版社，1988：42.

④王立胜，周绍东. 中国特色社会主义政治经济学的探索路径 [J]. 南京财经大学学报，2017（01）.

四、 结语和展望

在中华人民共和国成立特别是改革开放以来，我国生产力水平总体上显著提高，社会生产力在很多方面进入世界前列，我国社会主要矛盾已经转化为人民日益增长的美好生活需要和不平衡不充分的发展之间的矛盾。我国发展能够取得这些重大成就，社会主要矛盾发生重大变化，主要是因为在党的领导下，我国围绕着巩固和发展社会主义生产关系，对所有制、经济体制、收入分配制度、对外开放体系等各方面进行了深入改革，适应了生产力的发展要求，引领了生产力的进步，保护了先进生产力。随着社会生产力水平的提高，党和国家事业发生历史性变革，社会发展出现许多新的阶段性特征，标志着中国特色社会主义进入新时代。站在新的历史起点上，迫切要求适应生产力水平，抓住社会主要矛盾，推进社会主义生产关系不断成熟和完善。

孙冶方、薛暮桥、于光远等老一辈经济学家对社会主义革命和建设过程中重大理论和现实问题的研究，提出了许多富有成效的经济理论和政策建议。他们的经济思想激发人们解放思想，摆脱教条主义的束缚，认清我国社会主义经济的具体形式和发展阶段。他们的许多理论观点成为国家各项政策制定的依据，在改革过程中发挥了重要的指导作用，积累了大量宝贵的实践经验。三位老一辈经济学家的理论探索为创立中国特色社会主义政治经济学理论体系做出重要贡献，是发展中国特色社会主义政治经济学的思想源泉。回顾和梳理"三老"的经济思想，能够帮助我们厘清社会主义建设和改革的实践历程，彰显马克思主义政治经济学的指导地位，明确社会主义生产关系改革的方向。

在新时代，探析社会主义生产关系改革方向，就是要发展和运用中国特色社会主义政治经济学，正确认识和把握社会主义初级阶段主要矛盾的转化，在全面深化改革中继续发挥指导作用。我们应当传承中国特色社会主义政治经济学一以贯之的发展脉络，以社会主义生产关系为研究对象，联系生产力发展水平，把握好上层建筑与经济基础的关系，在改革中引导和推动社会主义生产关系走向成熟。不忘初心，继往开来，把我国建成一个成熟的社会主义现代化强国。

参考文献

［1］孙冶方. 社会主义经济论稿［M］. 北京：商务印书馆，2015.

［2］薛暮桥. 中国社会主义经济问题研究［M］. 广州：广东经济出版社，1998.

［3］薛暮桥. 论中国经济体制改革［M］. 天津：天津人民出版社，1990.

［4］于光远. 于光远经济论著全集：第2卷［M］. 北京：知识产权出版社，2015.

［5］于光远. 中国社会主义初级阶段的经济［M］. 北京：中国财政经济出版社，1988.

［6］孙冶方. 孙冶方经济文选［M］. 北京：中国时代经济出版社，2010.

［7］薛暮桥. 薛暮桥经济文选［M］. 北京：中国时代经济出版社，2010.

［8］于光远. 于光远经济文选［M］. 北京：中国时代经济出版社，2010.

［9］马克思，恩格斯. 马克思恩格斯选集：第4卷［M］. 中共中央马克思恩格斯列宁斯大林著作编译局，译. 北京：人民出版社，1995.

［10］王立胜，周绍东. 中国特色社会主义政治经济学的探索路径［J］. 南京财经大学学报，2017（01）.

（作者单位：中国人民大学经济学院）

法国经济兴衰对中国摆脱经济困境的历史启示

余云辉

摘要： 二十世纪中后期，法国由于其货币政策"与国际接轨"，逐渐丧失了金融主权，不得不依赖境外资本和负债来维持自身发展，并开始逐步走向衰败。改革开放以来，中国某些重大货币政策和汇率政策是在世界银行、国际货币基金组织和华尔街金融财团的指导下实施的，"与国际接轨"的货币政策在一定程度上剥夺了中国政府的货币主导权。现如今，中国许多高科技公司和互联网巨头被海外资本所控制，这些重要企业和产业的股权空心化趋势日益加剧。为避免"法国式悲剧"的重演，中国资本市场的最终定价权应该掌握在政府和央行手中，而不应该掌握在国内和国际资本大鳄手中。中央政府要充分发挥资本市场和货币市场这两个"顶层市场"的经济调控功能，让人民币承担起经济发展职责和产业升级职责，把"货币"地位提高到"国家"和"军队"的同等高度，重建人民币基础货币的发行机制，摆脱人民币作为美联储影子货币的状况，把基础货币的发行机制与资本市场机制和外汇市场机制联动起来，把基础货币发行机制与产业升级和技术进步直接挂钩起来，进而从根本上解决目前困扰中国经济的投资不足问题、出口困难问题和消费低迷问题。

关键词： 法国；美元资本；金融主权；中央银行；货币主权

在西方经济理论、海归经济学家的指导下，法国和中国先后都对两国的基础货币发行机制进行了"与国际接轨"的改造。由于货币政策"与国际接轨"，法国经济由盛转衰，成为"一个已经破产的国家"。中国是否会陷入法国式的债务困境而成为又一个破产的国家？中国应该如何摆脱目前的"去杠杆"困境？为什么现行的基础货币发行机制必将导致金融火山爆发危及国家安全？正确的基础货币发行机制应该是什么？法国经济的成败为中国提供了前车之鉴。

一、 法国经济发展的经验与教训

1958 年戴高乐将军上台执政，法国经济步入快速发展的轨道。到 20 世纪 70 年代，法国成为世界上少数几个富裕而强大的国家之一。戴高乐将军执政纲领体现在：他把国家、军队和货币作为三大执政主线，把"货币"上升到与"国家"和"军队"同等重要的高度上。戴高乐将军是迄今为止世界上为数不多的能够真正理解基础货币重要性的伟大政治家。

即使在 60 年后的今天，中国宏观经济管理部门仍然没有发现基础货币的秘密，甚至没有分清基础货币与派生货币之间的本质区别，经常错误地使用 M2 概念来描述货币超发，更没有在思想上把"基础货币"置于"国家"与"军队"的同等地位。

戴高乐将军正是以他对"货币"的深刻理解及其对"货币"的精巧应用把法国经济推向"黄金时期"。在戴高乐将军执政期间，法国政府规定所有私人商业银行 20% 的资金必须上交国家作为保证金。国家利用中央银行发行基础货币以及由央行集中起来的商业银行保证金，重点支持大型骨干企业和本土企业的发展；国家不再依赖海外美元资本的输入，不搞对外开放、招商引资和举借外债。国家资金的投资重点不是房地产，而是那个时代的前沿产业，如飞机、核能、石油、军工和基础设施。在这期间，法国的经济腾飞不仅没有依赖美元资本的输入，而且还在 1968 年归还了欠国际货币基金组织的全部债务。

法国通过中央银行向实体产业部门直接投放基础货币，优化了产业结构，增加了商品供给，提高了就业和居民收入，创造了国内市场的需求，推动经济发展，使法国经济社会发展步入了历史巅峰时期。在这期间，法国并没有出现西方教科书所担心的通货膨胀，通货膨胀率始终控制在 3.5% 以下。

但是，法国戴高乐政府拒绝外资盘剥的执政理念损害了国际资本的利益，引起了国际资本集团的强烈不满。因此，戴高乐政府必须下台。之后，经过国内和国际资本集团的一系列政治运作，以莫须有的反通货膨胀理由，法国在 1973 年 1 月 3 日通过了"蓬皮杜－罗斯柴尔德法"。新《银行法》规定，"禁止国家直接向中央银行借款"，国家"必须向私人银行进行有息贷款"。在"国家—军队—货币"的执政框架里，"货币"被剥夺了。

当国际私人银行代替法国政府控制了货币发行权之后，法国经济不得不依赖境外资本和负债来维持自身的经济循环，从此，法国逐步走向国家破产。"1978 年法国国家债务仅 728 亿欧元，占法国国内生产总值的 21.2%。而从这一年开始债务急剧飙升……目前已达到 18703 亿元，占国内生产总值的91.7%。"更严重的是，法国国家债务的三分之二债权掌握在境外银行手中，法国政府的预算利息支出已经超过教育和国防的开支，长期失业人口超过 300 万人，经济被债务拖入衰退之中。法国前总理费永上台后表示："我是一个已经破产的国家的领导人……"

在戴高乐将军关于"国家—军队—货币"的执政框架里，"货币"就是"钱袋子"，而"国家"则是用于存放"钱袋子"的地盘，"军队"是用于保卫"钱袋子"的枪杆子。一旦"钱袋子"被海外金融势力所控制，那么，"国家"已经名存实亡，"军队"只剩下象征性的意义了。这是今天的法国必须听命于美国，法国军队必须听命于北约司令部的深层原因。金融主权的丧失让法国由盛转衰，沦落为高负债、高失业、低增长的依附性国家。

二、 中国的 "蓬皮杜－罗斯柴尔德法" 与中国经济的困境

改革开放以来，中国某些重大货币政策和汇率政策是在世界银行、国际货币基金组织和华尔街金融财团的指导下，以"与国际接轨"的名义推动施行的，这与法国"蓬皮杜－罗斯柴尔德法"的出台十分相似。1995 年 3 月颁布并在

2003 年 12 月修订的《中国人民银行法》与法国"蓬皮杜 – 罗斯柴尔德法"的共同之处就是以反通货膨胀的名义剥夺了主权国家的货币主导权。

《中国人民银行法》和人民币汇率单边升值之间前后呼应、相互配合。从 2003 年开始，人民币基础货币的发行量不再与中国实体经济发展相挂钩，而是与美元热钱的流入和外汇储备的增加相挂钩。到 2013 年前后，人民币基础货币的发行量与外汇储备之间达到了 1：1 的关系，人民币彻底成为美元的"影子货币"。从资金运动的角度看，美元持有者把美元兑换成人民币并作为资本金进行投资，这部分资金作为人民币基础货币投放到市场之中，并通过其货币乘数效应，增加了市场的流动性。为了对冲这部分因美元流入、外汇储备增加所产生的流动性，央行必须通过提高存款准备金率和公开市场操作收回这部分商业银行资金。如果把二者结合起来观察可以发现：央行的对冲操作事实上把国内企业的流动资金以存款准备金等方式抽走了，这部分人民币资金交给了美元持有者，成为美元持有者的人民币资本金。这就形成了 2003 年以来中国经济特有的奇怪现象：美元流入量越大，存款准备金率就越高，国内企业贷款就越困难，实际贷款利率居高不下，并导致资金持续流向高利润的房地产、股票和期货等投资领域。

实体经济的融资、贷款和利率环境越差，反过来更加有利于美元资本的扩张。这又导致国内越来越多的前沿产业被海外资本所控制，出现了日益严重的优秀产业股权空心化的趋势。国内互联网独角兽企业全部被美元资本所控股，即是现实案例。今天，中国和法国的共同困境是国内经济被海外资本所控制，中国表现为重要产业和企业的股权被控制，法国则表现为国家债务的大部分债权被控制。

三、 中国发生经济金融危机的可能性

2015 年 7 月是中国经济的转折点。这一年，全国百姓的一大部分储蓄被赶进股市推高了指数，同时，房地产和人民币汇率都处在历史的高位。海内外机

构投资者通过抛售股票和房产、做空股指期货，把居民投入股市的储蓄转为他们的囊中之物，然后再把从股市套现的人民币兑换成美元汇出境外。在经济数据上表现为：自 2015 年开始，居民负债率持续上升，国家外汇储备急剧下降，企业和居民的投资能力和消费能力持续下降。

国家外汇储备由将近 4 万亿美元降到 3.2 万亿美元，考虑到贸易顺差因素，累计减少大约 2 万亿美元的外汇储备，直接影响了大约 13 万亿人民币基础货币的投入。如果以 4 倍的货币乘数计算，直接影响了 52 万亿人民币的流动性。这是中国资本市场持续低迷、大部分股票不断创新低、机构和个人投资者持续爆仓、整个经济体投资和消费萎靡不振的重要原因。

从 2015 年开始，国内企业和居民杠杆率持续上升的根源是居民储蓄存量急剧下降、外汇储备骤降、基础货币投放速度减低、股市持续下跌、股票抵押品贬值、股票融资和上市效率降低等等。这一系列环环相扣的因素导致了全社会企业和个人的投资与消费能力下降、负债率上升。金融机构、实体企业和城乡居民之间形成了一个庞大而复杂的债务链。

从宏观调控的正常思路来看，此时应迅速给经济体输血，遗憾的是，宏观经济管理者不仅没有迅速输血，而是进行了一场错误的反向操作。人民银行、银监会、保监会、证监会等开始了一场大张旗鼓、声势浩大、层层加码的去杠杆运动和抽血运动。中小企业、中小上市公司和资本市场投资者的债务危机爆发了。根据 Choice 数据显示，截至 2015 年 8 月 1 日，A 股触及平仓线的股票市值已经超过 8000 亿元，这意味着将近 8000 亿元的证券资产已经归零，同时留下 8000 多亿元的负债让这些投资者日夜提心吊胆，等待被强行平仓。这些危机开始向商业银行、信托公司、保险公司和融资平台公司（P2P）传递和集中。超过 70% 的 P2P 网贷平台（4347 家）首先"爆雷"倒下，基层群众超万亿人民币的养老养命钱化为乌有，投资者开始围攻这类金融机构。如果任凭金融风险的传导与累积，那么，一定会形成金融火山，进而形成政治火山和社会火山。这三座火山正在形成之中。治理大国经济，必须未雨绸缪，治之于未乱。既要提前准备灭火的手段，也要提前开始釜底抽薪。

四、 以人民为中心的货币政策改革

谁掌握了人民？这是执政党和政治家必须考虑的核心问题。在经济金融领域，企业家、投资者、媒体人、专家学者和官员构成"人民"这一政治概念的不同群体。判断"谁掌握了人民"，只要分析判断：在经济金融困难的时候，"人民"指望谁、依靠谁？

作为一种社会现象，中国经济金融界对美国的关注已经超过对中国的关注。比如，在资本市场持续低迷的状况下，金融界、企业界、舆论界、监管者乃至被股市套牢的股民都在指望着外国投资者入市，指望着美联储降息和美元货币宽松，指望着扩大对外开放引进外资，指望着六万亿美元资金来抄底。美国货币政策变化对中国资本市场的影响远远超过对美国本土市场的影响。这一切都说明，在中国经济金融领域，美元资本事实上已经控制了国内各类投资主体和市场监管者的心智，经济金融界的民心已被外资所虏获。

应该反思：在中国经济金融和资本市场出现危机的时候，为什么国内的投资者、企业家和监管机构不是指望中国政府而是指望美国政府？为什么不是指望中国央行而是指望美联储？为什么不是指望国内机构投资者而是指望外国投资人？中国资本市场集中着各行各业优秀的龙头企业。目前深沪两市共有 3510 多家上市企业，总市值大约 8.3 万亿美元，流通市值大约 6.7 万亿美元（相当于 6 个苹果公司的市值）。果真放行海外 6 万亿美元入市，海外资本就可以完成对中国大部分产业的斩首行动，实现对中国各行各业龙头企业的控制。此前，美联储通过发行美元纸币已经控制了中国互联网的主要企业。在海外上市潮中，美元资本已经席卷了中国大部分高科技企业。中国证监会对企业上市的种种限制和随意性监管正在进一步把国内的新兴产业逐出人民币版图而赶进美元的怀抱。在产业与投资领域，美元正在不断地取代人民币，这使得人民币国际化战略举步维艰。

五、把"货币"提高到"国家"和"军队"的同等高度

中国共产党领导中国人民取得革命胜利的伟大成就，主要体现在：人民是国家的主人；军队是人民的军队；货币是人民的货币（称之为"人民币"）；央行是人民的银行（称之为"人民银行"）。人民银行和人民币必须为本国人民服务，而不是为美联储和美元服务。可见，中国央行和中国的人民币具有强烈的政治属性和政治责任。如果人民币成为美元的影子货币，人民银行成为美联储的北京办事处，这必然会葬送中国革命的成果，必然会葬送党的执政基础。因此，解决中国当前经济问题以及由经济问题所导致的政治问题、社会问题的核心枢纽是：纠正人民币作为美元影子货币的状况，废除外汇储备与人民币发行相挂钩的基础货币发行机制，恢复人民银行为人民服务、为经济发展服务、为产业升级服务的主权货币属性和国家政治属性；通过执行严格的资本项目管制，确保货币政策不被汇率波动所绑架，保持货币政策的独立性和自主性。

为此，笔者提出的政策建议包括以下几个方面。

第一，把外汇储备和对应的法定准备金从央行移出并交给财政部，由财政部设立"外汇特别账户"或"主权财富基金"进行管理，切断外汇储备与人民币基础货币发行、人民币存款准备金率、人民币利率和汇率之间的联系，彻底摆脱人民币作为美元影子货币的状况，恢复人民币的主权货币属性和国家政治属性，恢复人民币是为人民服务而不是为美国和美元服务的国家基础货币之定位。

第二，中央银行必须在社会再生产的生产、分配、交换、消费等四个环节中找准自己的位置和定位，从而与财政部门之间形成合理的分工，解决好"央行必须做什么"和"央行应该怎么做"的问题。深受世界银行和国际货币基金组织影响的《中国人民银行法》并没有给予中国央行正确的职责定位，这是导致《中国人民银行法》颁布以来中国经济问题持续累积并临近大爆发的根本原因。

在社会再生产过程中，政府财政工具的职责主要体现于分配环节和消费环节，而央行货币工具的职责主要体现于生产环节和交换环节。这意味着：央行的基础货币发行机制、利率政策和汇率政策必须承担起经济发展、产业升级、科技进步等有关生产环节的职责，而不能仅仅满足于通过存款准备金率和公开市场操作等手段调节流通环节的流动性。也就是说，中国出现宏观经济衰退、产业升级受阻、科技进步缓慢、国内股市债市低迷、优秀企业逃离人民币版图而投身于美元版图、美元资本占领了主要产业的龙头企业、核心高科技产品受制于人等经济现象，央行应该负责解决这些问题。

目前，央行只在社会再生产过程的流通领域发挥着提供流动性的作用，把生产领域中应有的主权货币职责拱手让给美联储和美元资本，这导致中国经济充斥着美元资本，导致高端制造业、互联网领域的龙头企业遭受美元资本的控股和控制。中美贸易战把这一潜在问题彻底暴露了，当美国要缩小贸易逆差给中国经济断奶的时候，整个社会的经济信心几乎崩溃，于是乎百姓和机构慌了手脚，抛售股票，股市暴跌。发改委匆忙抛出"二十二条"，要放开涉及国计民生和国家安全的诸多领域。总之，在特朗普政府的乱棒之下，国内相关部门和投资机构没有表现出大国经济的应有自信，而是慌不择路，甚至饮鸩止渴。

第三，在社会主义市场经济体制下，中央政府要发挥"顶层市场"的经济调控功能。在市场经济体制中，资本市场和货币市场同属于"顶层市场"，发挥着社会资源配置的核心作用。央行不仅需要通过货币市场投放短期流动性，而且需要通过资本市场投放实体经济所需要的长期发展资金。因此，央行必须把资本市场作为精准投放基础货币的入口，建立起类似于日本央行的基础货币投放机制。只有利用资本市场投放基础货币，才能实现货币投放的精准性，才能改变现有的"货币漫灌现象"。

为此，央行应成立"产业与科技投资局"，根据国家中长期发展规划如"中国制造2025"，选择有关产业领域的龙头企业和上市公司精准地投放基础货币，直接购买该类企业的股票和债券。这既是法国经济腾飞时期的历史经验，也是日本央行推动经济发展的现实做法。未来若干年，中国央行应该逐步投入10万亿至15万亿人民币基础货币，直接参与高科技企业的创业股权融资，直接参与那些需要战略性扶持的上市公司的定向增发，直接购买上市公司发行的企业债券，直接投资优秀上市公司的流通股。中国央行应替代美联储成为中国股权投资市场的主要力量，用人民币资本而不是美元资本来孵化一批类似于BAT的新兴龙头企业。

六、 精准投放基础货币是解决当前经济转型问题的总枢纽

中国拥有健全的工农业生产体系，拥有13亿人口的庞大市场，只要粮食和能源可以自给自足，中国经济就不存在产生灾难性危机的物质基础。国内资本控制下的生产力体系和庞大的内需市场是支撑人民币购买力、支配力和影响力的坚实基础。除粮食和能源问题之外的一切经济金融危机，都可以通过财政工具和货币工具来解决。作为大国经济体，央行不仅要在社会再生产的交易领域提供流动性，而且要在社会再生产的生产领域精准提供长期资本金。在经济转型或经济危机时期，发挥人民币基础货币的生产性职责与职能，显得尤为重要。

以资本市场作为窗口来投放基础货币，可以一箭多雕，解决当前经济运行过程中的诸多棘手问题：

一是可以实现货币的精准投放，解决资金空转和实体经济资金不足问题。资本市场和货币市场具有不同的职责分工。央行的货币市场操作主要是解决社会再生产过程中交易环节的流动性问题。而央行的资本市场操作，通过有选择地购买上市公司股票和长期债券，有利于提高上市公司的融资能力，还可以增加上市公司资本金并降低短期负债率，有助于解决长期以来银行资金滞留于金融和房地产领域空转的问题。

二是可以降低实体经济的杠杆率。降低杠杆率不能简单化，不能只减少分子式中的债务分子而不增加资产分母，否则会引发流动性危机甚至引爆整个经

济系统的危机。这是因为债务不是以个体的方式而独立存在，而是以债务链的方式作为整体的存在。资本市场集中了国内各行各业的优秀企业和龙头企业。央行通过设立"产业与科技投资管理局"直接投放基础货币，用于购买二级市场股票和参与定向增发，有利于国家向中长期规划中需优先发展的产业注入资本金，降低这类骨干企业和龙头企业的杠杆率，避免高科技领域的优秀企业和优秀项目被美元资本所控制。向高科技前沿领域直接投放人民币基础货币是解决长期以来科技类企业资本金不足、高科技企业被迫接受美元资本控制的根本出路。

三是可以降低实体经济的利率。实体经济举债难、利率高是长期困扰中国经济的难题。导致这一问题的根源在于人民币基础货币发行机制是绑定于美元流入所形成的外汇储备。通过央行直接认购上市公司发行的中长期低利率债券，有利于降低实体企业的债务利息率，并带动整个实体经济利率的下降，从而从根本上解决实体企业融资难、融资贵的问题。

四是可以与汇率机制联动，带动出口。汇率贬值有利于出口，有利于保护出口导向性产业的生产力。保护生产力（包括保护出口导向性企业的生产力）是政府的基本职责。当年戴高乐将军一上台，就把法国法郎兑黄金贬值17%，本币贬值成为振兴法国经济的重要举措之一。本币的主动贬值是促进出口、促进经济发展、提高社会就业的重要手段，是包括发达国家在内的通行做法。

但是，本币贬值需要与资本市场的基础货币投放联动起来，也就是说，本币贬值的幅度要与股票指数上升的幅度基本一致。央行通过直接购买二级市场股票，推动股票指数上升，对冲本币贬值，防止出现"股汇双杀"现象，避免外资抄底资本市场，保护国民财富不流失，这是央行的重要职责之一。

五是可以维持资本市场的稳定，防止资本市场暴涨暴跌，形成稳定的社会财富效应，促进正常的社会消费。资本市场的涨跌直接影响着社会再生产的消费环节，直接影响着宏观经济的健康运行。目前国内消费的跌落与2015年股灾、持续的股票下跌、投资者爆仓所形成的财富负效应有着直接的关系。建立央行直接向资本市场投放基础货币的机制，有利于稳定资本市场的预期。央行也可以通过增持二级市场股票、适度推高股价，形成正向财富效应，促进社会消费能力的提高。这是稳定信心、稳定民心的重要措施。通过资本市场稳定信心、稳定民心，这项给政府加分的工作应该由中国央行来完成，而不能交给美联储来完成。

六是可以既防止通货紧缩，又防止通货膨胀。在社会再生产过程中，央行的货币职责是：在生产环节，为企业提供资本金和长期债券资金；在流通交换环节，为各个经济主体提供经济活动的流动性。只要央行不在分配环节和消费环节充当财政工具并投放货币，就不会产生通货膨胀。这也是当年的法国和当下的日本其货币政策没有带来通货膨胀的重要原因。

研究和运用基础货币工具，不仅需要掌握西方的金融理论，而且需要掌握马克思的社会再生产理论，并将二者有机结合起来。一方面，在经济萧条、股市低迷、行业困难时期，央行通过资本市场窗口投放基础货币，直接购买优秀企业、成长性企业和可扶持企业的股票与债券，可以推动经济复苏和产业升级，可以增加市场商品供给和社会就业。另一方面，在热钱涌入、股市暴涨和经济过热时期，央行可以通过抛售股票和债券，回笼货币，对冲热钱，抑制经济过热，防止股市暴涨之后暴跌，避免财富流失。换句话说，抑制资本市场的过冷和过热，应该利用央行的基础货币工具，而不应该利用金融大鳄所控制的股指期货屠刀。总之，重建人民币基础货币的发行机制，摆脱人民币作为美联储影子货币的状况，把基础货币的发行机制与资本市场机制和外汇市场机制联动起来，可以从根本上解决目前困扰中国经济的投资不足问题、出口困难问题和消费低迷问题；可以对正在形成的经济火山、政治火山和社会火山釜底抽薪。从长远看，这也是中国经济摆脱依附性、增强自主性、打赢中美贸易战、实现发展模式转型的根本出路。

参考文献

［1］新民周刊. 他山之石：法国丧失金融主权带来的恶果［EB/OL］. https：//www. guancha. cn/XinMinZhouKan/2014_ 02_ 07_ 204143_ s. shtml，20140206/20181113.

［2］林雪. 6 万亿外资巨头来中国抄底了？刚和中信证券合作发行首只私募基金！［EB/ OL］. http：//funds. hexun. com/2018 - 07 - 18/193492707. html，20180718/20181111.

（作者单位：福建蓝田书院）

主体社会与知行合一：王阳明学术思维研究[①]*

——兼谈中西对话的方法论问题

许光伟

摘要： 在现代场域中，中国人的方法论概念是从"中西学术对话"中逐渐得到彰显的，思维科学是极其重要的一个维度和"互解"通道。在王阳明的著作中，我们欣然看到了《道德经》和《资本论》的"跨时空"相遇。《资本论》的内在写作线索是这么五条：一是写客观史和主观史；二是写"政治经济学批判"在何种意蕴上作为"思维"和"马克思主义学科"的工作规定；三是写科学发生史；四是写马克思主义理论科学体系；五是写马克思主义逻辑科学和知识理论。其中前四条均与"王阳明心学"在工作线索上内在关联，尤其是它们的出发地（"历史研究"）和落脚点（"理论科学"）具有高度的相关性。这是思维科学研究线索上的中国和马克思的"内在相通"。实际上，从理论科学建设的高度上看，又是人类认识的一次"再生产"：通过"中外会通"和各种"思想高地"的比较与综合，建立不同经济形态社会类型的工作对话与思想对话，以"新时代"为依据，重塑中国社会主义发展的学科范畴。同时按照"经典对话"研究的学术意义来讲，这不啻一次更大范围内的经济学理论知识"再生产"：它表明社会主义市场经济必须基于"主体社会"和"客体社会"这两个规定进行

---

　① *基金项目：2015年教育部人文社会科学研究规划基金项目"《资本论》与中国经济学实践创新研究"（项目号15YJA790073）；2017年上海市哲学社会科学研究规划课题"中国共产党百年研究的海外视角"（项目号2017BHC007）。

"思维取象"，以利于建立对"资本"进行历史扬弃的批判的知识理论。

关键词：王阳明；马克思；政治经济学批判；思维科学；思维形式；知行合一；抽象；具体；方法论

一、 引言： 何谓思维科学

在科学性上，《资本论》为何可以算作是马克思作品中最为成熟的一部，对此，人们的说法通常不一。马克思本人较为明确的说法是："研究必须充分地占有材料，分析它的各种发展形式，探寻这些形式的内在联系。只有这项工作完成以后，现实的运动才能适当地叙述出来。这点一旦做到，材料的生命一旦在观念上反映出来，呈现在我们面前的就好像是一个先验的结构了。"[1]"但是结构，即整个的内部联系是德国科学的辉煌成就，这是单个的德国人完全可以承认的，因为这绝不是他的功绩，而是全民族的功绩。"[2] 换句话说，这就是"思维科学"在历史研究领域内再次得到系统的确认，并以经济范畴的运动方式具象地显现。从而，"研究方法"委实是历史科学领域内的规定和工作术语，而"叙述方法"乃是专指思维科学领域内的用语和用以进一步指导"知识生产"的工作规范。从方法论的唯物主义立场出发，马克思尤其强调了研究对于叙述的工作先导和主体前置作用。由此马克思的工作也整体超出了"资产阶级的沉默"，因为"当资产阶级学者武断地将方法论认定为只是'为了更好地解释世界'时，已然跌入工具主义之主张，陷入思维单边主义——从这个单方要求出发，其必然满足于具体思维形式的'片面真理性'，而寻求思维的非批判性和工作自足性。"[3] 然而，客观逻辑可以说是落在了历史科学的领域内（所谓"认识I"），而主观逻辑则可以说是落在思维科学领域内（所谓"认识II"）。另一方

①马克思. 资本论：第1卷 [M]. 北京：人民出版社，2004：21–22.
②马克思，恩格斯. 马克思恩格斯文集：第10卷 [M]. 中共中央马克思恩格斯列宁斯大林编译局，译. 北京：人民出版社，2009：236.
③许光伟. 论《资本论》的研究方法与叙述方法——纪念马克思诞辰200周年 [J]. 河北经贸大学学报，2018 (5).

面，欧美意蕴的逻辑学，按照学科功能和现代所观照的意义应当直接归属于"知识论生产"（针对具体思维形式和提供知识工具），形成这样的工作链条关系：认识Ⅰ（作为"改造世界"的工作意蕴）——认识Ⅱ（作为"理解世界"的工作意蕴）——知识论（作为"解释世界"的工作意蕴），它们整体形成从"认识"到"知识"的人类思维之生产功能。从而，中国人的"行"和"知"的关系被马克思创造性地表述为实践和理论内在性的工作关系，即"人的思维是否具有客观的真理性，这不是一个理论的问题，而是一个实践的问题。人应该在实践中证明自己思维的真理性，即自己思维的现实性和力量、自己思维的此岸性。关于思维——离开实践的思维——的现实性或非现实性的争论，是一个纯粹经院哲学的问题。"①

象所固然，思不必至。以下从"六册计划"与《资本论》的工作推进关系说起，简明起见，我们用一个图例尝试表达"马克思主义思维科学"的伟大诞生：

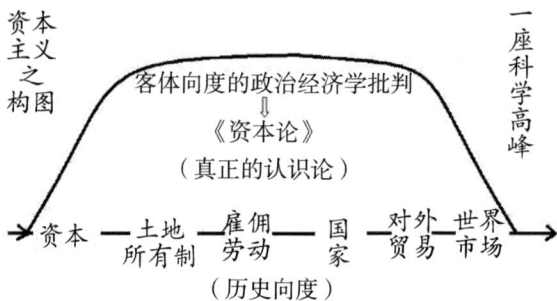

图1 《资本论》：历史科学和思维科学的工作合一性

图例中，六册计划所代表的工作路线既是资本主义社会经济形态的"历史向度"，同时亦是它的"实践向度"，本身由不同方向的学科研究所联结。马克思于历史向度的路线图中取出"资本"独立成就巨著，完成关于资本主义的理论科学建构，意味着资本既是生产关系之社会历史规定，同时亦是生产关系的

①马克思，恩格斯. 马克思恩格斯选集：第1卷［M］. 中共中央马克思恩格斯列宁斯大林著作编译局，译. 北京：人民出版社，1995：55.

思维形式之思维对象规定，是对于这个对象社会而言的统一化的客观范畴。可见，理解《资本论》始终从理解《资本论》标题结构的工作关系开始，而这种结构本质上反映的是六册计划与《资本论》的具体工作关系，马克思的理论研究实践可以说梳理了"研究"和"叙述"内在联系的逻辑思路，是把两者的工作关系具象化了。《资本论》不是对六册计划的背离或超越，而是一种工作升华和理论科学的沉淀。

同时需要注意到，《资本论》来到中国后，始终面临和中国深度结合的问题。从学科建设的角度看，其必然求得和中华经典进行"理解上的贯通"，即所谓古今贯通的问题，实际上又必然涉及水平横轴的"百科融汇"和理解范围上的"中外会通"。深层次看，这是对思维形式对象进行"整体史"意蕴的考察，是基于思维科学寻找中国和马克思的"内在连通"。归根结底，这是历史认识"再出发"意蕴之深度理解《资本论》的研究议题。扼要而言，是认识到《资本论》主标题冠名以独立的"论资本"，是彰明研究结构的综合性，是历史科学规定性与思维科学规定性的合一，然则副标题以"政治经济学批判"为命名规范，表明这是一个思维科学之阐述结构与建制的同一过程。所谓的"《资本论》学"的学科深意在于：基于历史对话高度，从"中外经典会通"中梳理用以指导人类认识生产的一般思维规律。简言之，《资本论》是遵循副标题工作线索对主题所指向的历史进行书写的，对象规定的思维形式体现在政治经济学批判路线上，这一过程可归纳为两句话：以资本思维形式写资本主义历史，以副标题写资本思维科学。所谓思维科学即是将对象建立为思维形式对象规定的客观过程，是与之相关的一系列工作规范的总称。诚如文学是关于生活的语言，文学的思维就是生活逻辑，生活是文学的历史，所以，思维形式所起的作用就是连通历史和生活，连通生活和语言，完成"认识"到"知识"的工作切换，以此指导学科研究的具体逻辑形成，在对象规定和具体逻辑之间建立工作联系。马克思主义思维科学总体上是要求建立自然形式和社会形式的总体工作联系，从而要求思维形式在对象规定上与自然形式和社会形式的分别"保持一致性"，达到认识行动的客观性和总体性。按照这个总要求，进行思维科学阐述必要有一个"以太范畴"统领一切，作为"抽象的一"，抽象和具体地表征所要表达的社会系统的"客观之有"；所谓"在第一条道路上，完整的表象蒸发为抽象的规定；在第二条道路上，抽象的规定在思维行程中导致具体的再现。"[①] 这个范畴在马克思《资本论》中分别是"价值"和"资本"，分别对应商品社会（以客体为标准的财产关系社会）的两个不同的基本经济形态，而对于资产阶级社会而言，"资本"则是作为"普照之光"的对象规定的思维形式。[②] 在王阳明的"心学"那里，心的术语规定替换了上述二者，但它不是关于商品社会的思维形式，是王阳明试图用来表征以主体为标准的身份关系社会的"对象规定"；在他看来，在这样的理想态的社会系统中，"心"既是社会关系的标准，同时亦是对社会关系的基本表达与行动诉求。这样看，仿佛是截然的两分：以客体为统治的社会（客体社会）是以"经济学"的名义来考察对象规定的思维形式，而以主体为统治的社会（主体社会）则是以其他学科（如政治学、伦理学）的名义来履行同样的这一职能。其实，马克思并没有做这样的硬性的两分，而把心的思维对象（规定）和价值、资本合而为一了，例如"竞争"和"阶级斗争"等等的主体行动均包含于"以太的规定"中。

然则，通过王阳明和马克思的"对话"研究可以发现，《资本论》所运用的"政治经济学批判"学科规范也正是王阳明学说所遵循的工作线索，表现在"范畴的相通"（知和行）、"思维的相通"（抽象和具体）以及"逻辑的相通"（行动和批判）等方面。核心的认知线索是，支撑王阳明心学的工作理路即心物合一、心理合一、知行合一，恰恰反映的是思维范畴"抽象和具体"的多重规定的统一，而这无一例外地在《资本论》中寻找到了根据，得到了证明。如此才能明白"与古代西方人以语言－逻辑为核心而不断展开'因果'推理、'逻辑'

---

①马克思，恩格斯. 马克思恩格斯选集：第 2 卷［M］. 中共中央马克思恩格斯列宁斯大林著作编译局，译. 北京：人民出版社，1995：18.

②所谓："在土地所有制处于支配地位的一切社会形式中，自然联系还占优势。在资本处于支配地位的社会形式中，社会、历史所创造的因素占优势。不懂资本便不能懂地租。不懂地租却完全可以懂资本。资本是资产阶级社会的支配一切的经济权力。它必须成为起点又成为终点，必须放在土地所有制之前来说明。"详见：马克思，恩格斯. 马克思恩格斯选集：第 2 卷［M］. 中共中央马克思恩格斯列宁斯大林著作编译局，译. 北京：人民出版社，1995：25.

演绎的'罗格斯中心主义'不同，古代中国人习惯于将客观事物和社会生活放在'阴阳''五行'的思维模式和理论框架中加以理解和论证。"① 其中蕴藏巨大的方法论价值与意义，集中于一点即是政治经济学批判范畴应更多基于广义视角和中西"学术对话"层面来掌握和理解，与之相适应，学科思考的维度在高度上必须提升到与"思维科学"共建之平台。

二、 王阳明的学术批判范畴： 从知行合一说起

"知行合一"是诠释王阳明一生经历和学说体系的一个理解上的制高点。我们从对这一"理解高点"进行思想领域的学理化阐释开始，但它往往被涂抹上"神秘性"，就连王阳明本人也毫不例外地在不同场合被蒙上学术尘垢。因为王阳明未被作为实践家、行动者，而被直接归为"哲学家"。"哲学家们只是用不同的方式解释世界，而问题在于改变世界。"这是以哲解道、以哲解儒的通行流弊。② 然则，王阳明对"人心惟危，道心惟微，惟精惟一，允执厥中"的解释是"道心者，率性之谓，而未杂于人。无声无臭，至微而显，诚之源也。人心，则杂于人而危矣，伪之端矣。见孺子之入井而恻隐，率性之道也；从而内交于其父母焉，要誉于乡党焉，则人心矣。饥而食，渴而饮，率性之道也；从而极滋味之美焉，恣口腹之饕焉，则人心矣。惟一者，一于道心也。惟精者，虑道心之不一，而或二之以人心也。道无不中，一于道心而不息，是谓'允执厥中'矣。"③ 此是行动路线，强调"行是知的工夫"；人心，主观之谓也，道心，客观之谓也，此主客观统一的行动诉求。王阳明把之作为"圣人之学"的"心学"，视以上十六字为"心学之源"。

又《徐爱跋》有曰："先生之学为孔门嫡传"，可去"旧说"之溺惑，劝导

---

①陈炎. "阴阳""五行"学说的文化反思［J］. 南国学术，2014（2）.

②对此，毛泽东主席是有不同看法的。《实践论》全称是"论认识和实践的关系——知和行的关系"——这可看作是王阳明和马克思之间的具有学术深度和历史实践高度的一次"对话"。并且很显然，这里没有"形而上学的纯理论"规定，不是关于绝对真理或理念的"纯思辨"，而仅仅有这样的原则，是这样的运动："实践、认识、再实践、再认识，这种形式，循环往复以至无穷，而实践和认识之每一循环的内容，都比较地进到了高一级的程度。"所以，主席在文章的结尾称之为"这就是辩证唯物论的全部认识论，这就是辩证唯物论的知行统一观"。

③王守仁. 王阳明全集［M］. 上海：上海古籍出版社，1992：256.

亲身之实践，"如说'格物是诚意的工夫，明善是诚身的工夫'，穷理是尽性的工夫，道问学是尊德性的工夫，博文是约礼的工夫，惟精是惟一的工夫。"① 活脱脱地把"行是知的工夫"给淋漓尽致化了。在儒家的体系内，所谓"格物"、"明善"、"穷理"、"道问学"（即读书）、"博文"、"惟精"，皆可看成一脉相承的"行动"（探求的行动）；而"诚意"、"诚身"、"尽性"、"尊德性"、"约礼"、"惟一"，皆可看成"知识"（是什么的"知识规范"）。由此，在认识观与知识生产上，可媲美于《资本论》"批判是抽象的工夫"的路线。反过来，如果以行动主义路线——王阳明给出的最好的答案是"知是行的主意，行是知的工夫；知是行之始，行是知之成"——把握知识系统中的"抽象"和"具体"关系，则形式逻辑的概念运动的假象就会被有效解除，因为"抽象"之于"具体"的实践化路线恰恰是批判的规定性，而不是知识解释的规定性。例如著名的价值和价格关系，中间的理解必须加上一个"批判行动"：从"批判的知识理论"的构造看，"知是行的主意，行是知的工夫"，从而价值就意味着批判行动的开始，而到了价格这个地方，"价值（形式）"（价值体）的总概念在意义上才能够通达透明，完全为读者所掌握。实际上，这就是马克思在《资本论》第三卷第五十章想要表达的结论："很清楚，价值的概念在这里完全消失了。"② 于是，"所有这些经验，都证实了由于各个价值组成部分具有独立的颠倒的形式而引起的假象，好像决定商品价值的，只是工资，或工资加上利润。只要在工资上产生了这样的假象，似乎劳动的价格和由劳动创造的价值是一致的，那么，不言而喻，就利润和地租来说，这样的假象也会产生。因此，利润和地租的价格即它们的货币表现的调节，就必然和劳动以及由劳动创造的价值无关"③。但是，"一句话，竞争必须说明经济学家所不理解的一切东西，其实正好相反，经济学家必须说明竞争"。"这样，只有一个办法，就是把利润率，从而利润，解释为一个以无法理解的方式决定的加价，它被加到在此之前已经由工资决定的商品价格上去。竞争告诉我们的唯一的一点是，这个利润率必须是一个已定的量。

---

①王阳明. 传习录：叶圣陶点校［M］. 北京：北京联合出版公司，2018：25.

②马克思. 资本论：第 3 卷［M］. 北京：人民出版社，2004：977.

③马克思. 资本论：第 3 卷［M］. 北京：人民出版社，2004：984.

而我们在说一般利润率和利润的'必要价格'之前，就已经知道这一点了"①。从中能够真正发掘出的规定，就是"价值行动"，换言之，行动促使了知识的生产——从"行之始"到"知之成"。

这种行动本位的知识生产所贯彻者，其实就是"社会主观批判"。它把知识系统看作经由"批判行动"的生成，从而在构造上，必须取"实践化路线"。整体看，这就是马克思的《资本论》必须以"政治经济学批判"为主线，来安排理论建构与知识生产的动因所在，因为为了消除"知识自足性"的状态，必须以彻底的行动路线来撬动，在工作上必须倚仗"行动本位"（对应今天我们所说的"实践工作本位"）。行动是批判的始源规定。王阳明在知识生产上所抓住的恰好是这个"始源的规定"。然则，王阳明之被误识为"中国最大的主观唯心主义者"，在于认为"王守仁否认事物的客观性，反对探求事物的客观规律，专讲反省内求，主张'向内寻求'，'从自己心上体认'"。② 其实，这应该算是一个莫大的误会。王阳明并不主张"存在即是被主观所感知"，而试图去否认事物存在的客观性，即王阳明这里并没有"唯物主义"和"唯心主义"路线斗争的问题，而只是从行动主义的角度或者说认知路线上，去把握与诠释"心"的范畴及其全体规定性。因为旧的唯物主义普遍坚持包括人的所有存在都源生或决定于一定的"必然性存在"（神秘的物），如日、月、水、火等等（典型的如中国五行）。但是人性不同物性，于是为了阐述人性，必须对照"人"来设计设定物，赋予物一定的人性内涵，进而通过"唯心设定的物性"来解释人性（如理学的格"物"的事理说），因此陷入唯心主义。③ 但这种设定行动在历史发展的局限条件下，也只有唯心主义才能做到如此。"因此，和唯物主义相反，能动的方面却被唯心主义抽象地发展了，当然，唯心主义是不知道现实的、感性的活动本身的。"④

纵观王阳明的一生，他的"行"是实践生活中的"实实在在的活动"，一生

---

①马克思. 资本论：第 3 卷 [M]. 北京：人民出版社，2004：980.

②郑红峰. 中国哲学史 [M]. 北京：北京燕山出版社，2011：222.

③程朱理学"修身向外"，穷理致知，解决的办法是格物为事理，这是"主知主义"的路线；而王阳明秉持"主行主义"立场，"修身向内"，解决的办法是"向内诉求"，从而实现了人本主义场域内的"实践哲学"。

④马克思，恩格斯. 马克思恩格斯选集：第 1 卷 [M]. 中共中央马克思恩格斯列宁斯大林著作编译局，译. 北京：人民出版社，1995：54.

做了三件大事情："立言"、"立德"、"立功"，可以说，王阳明是时代的践行者。关于理论研究行为，也需要看到它的时代的进步性和必然性，即"王阳明不仅看到了明朝的学术弊端，而且要积极地克服这种弊端。他对战国时期的孟子、南宋的陆九渊、朱熹等人的学说进行了对比研究，并对他们的学说进行了批判的吸收。孟子、陆九渊、朱熹都是儒学的圣人，是王阳明的榜样，也是王阳明需要超越的对象"①。所以，我们应该有这样的体识：王阳明所指的心恰恰不是主观意识取向（这仅仅是它的行动的规定），它的客观的象，恰恰是王阳明自己所说的"盖圣人之学无人己，无内外，一天地万物以为心"，从而，这个心是从"行"当中提炼出来的"圣人之心"——期望人人成为"圣人"的行动之决心！而所谓"心学何由而复明乎！夫禅之学与圣人之学，皆求尽其心也，亦相去毫厘耳。圣人之求尽其心也，以天地万物为一体也"。而在行动路线上，它强调的是"吾之父子亲矣，而天下有未亲者焉，吾心未尽也；吾之君臣义矣，而天下有未义者焉，吾心未尽也；吾之夫妇别矣，长幼序矣，朋友信矣，而天下有未别、未序、未信者焉，吾心未尽也；吾之一家饱暖逸乐矣，而天下有未饱暖逸乐者焉，其能以亲乎？义乎？别、序、信乎？吾心未尽也"②。这恰恰应验了马克思的那个著名的理论是否"唯心"的判断："全部社会生活在本质上是实践的。凡是把理论引向神秘主义的神秘东西，都能在人的实践中以及对这个实践的理解中得到合理的解决。"③

从上述判断出发，我们有理由认为，王阳明不独是行动主义者，不独是按照现代标准看待的"唯心主义者"，而是两者的有机合成。如果说中国的唯物主义，是在行动主义的历史地基生长起来的，那么，以现代视域作为考察标准与要求的"中国古代唯心主义"的产生，亦同样如此。同时，应当注意到，王阳明的学说恰恰体现行动主义之于唯心主义的"掌控性"，因为与黑格尔不同，他绝没有陷入"思维的神秘"，相反，尤其注重"思想高地"（对象规定的思维形式）的工作发掘与阐述，从而为可能的"社会唯物主义"建构铺平了中国方向

---

①王冠辉. 王阳明评传 ［M］. 武汉：华中科技大学出版社，2013：49.

②王守仁. 王阳明全集 ［M］. 上海：上海古籍出版社，1992：257.

③马克思，恩格斯. 马克思恩格斯选集：第1卷 ［M］. 中共中央马克思恩格斯列宁斯大林著作编译局，译. 北京：人民出版社，1995：56.

的道路。关于这一点，王阳明自己说得更加清楚："此须识我立言宗旨。今人学问，只因知行分作两件。故有一念发动，虽是不善，然却未曾行，便不去禁止。我今说个知行合一，正要人晓得一念发动处，便即是行了。发动处有不善，就将这不善的念克倒了。须要彻根彻底，不使那一念不善潜伏在胸中。此是我立言宗旨。"①

三、 理解心外无理、 心即理维度的心理合一

王阳明的思想高地始终是主体社会的统一化秩序构建的行动范畴——心。有一种观点："王阳明在龙场先是悟出了'万物之理皆在吾性之中'，也即'心即理说'，然后才提出了'知行合一'说，但他真正完善'知行合一'说，却是在晚年。"亦因此，"和王阳明壮年时期的'知行论'比较起来，'知行合一'的主旨更加清晰，精神也更加明确。与其把王阳明晚年对'知'与'行'的阐释称为'知行合一'，不如称作'知行一体'更为恰当"。"王阳明的'知行论'之所以会发展到这一程度，主要是因为他在晚年，确立了'心即理'的本体就是'良知'的缘故。"② 其实，王阳明贯彻的是"抽象和具体的合一"，即统一行动的阴阳观。③ 所以，他晚年倾向于将道本体（道心）直接说成了"致良知"。"'天命之谓性'，命即是性。'率性之谓道'，性即是道。'修道之谓教'，道即是教。问：'如何道即是教？'曰：'道即是良知。'"④ 这样就把"教化"行

---

① 王守仁. 王阳明全集 [M]. 上海：上海古籍出版社，1992：96.

② 冯友兰，等. 知行合一：国学大师讲透阳明心学 [M]. 北京：台海出版社，2016：183.

③ 这种合一遵循的就是"阴阳的同谓之玄"。该种法则在马克思体系中，还表现为研究方法和叙述方法的"一体不离"，"在思维与语言发生学上，马克思极力寻求思维（形式）的客观性标准，从中发掘'客观思维'的规定性"，"研究主体与研究客体（规定）从而辩证统一了学科方法的先后、体用以及内容和形式的工作关系"。参见：许光伟. 论《资本论》的研究方法与叙述方法——纪念马克思诞辰 200 周年 [J]. 河北经贸大学学报，2018（5）. 它说明抽象和具体在思维认识上必须共时同步，保持"体"的存在性，犹如价值的阐述总是贯穿于价值形式的全程运动一样。然则在对待如何恰当叙述的问题上，人们不应当拘泥固定模式的寻求，因为那样的话，统一的行动规定恰恰容易遭到肢解，会丧失认识批判性。也因此，问题的症结似乎就在于，"所有这些都清楚地表明，马克思既不是一个经验主义的社会科学家，也不是一个系统的辩证学家，如果它们是排他性的称谓的话。但是，一旦我们理解了马克思是如何将两者结合起来的，我们就会很容易地把他既看成经验主义的社会科学家，也看成系统的辩证学家"。参见：伯特尔·奥尔曼. 辩证法的舞蹈——马克思方法的步骤 [M]. 田世锭，等，译. 北京：高等教育出版社，2006：240.）

④ 王阳明. 传习录：叶圣陶点校 [M]. 北京：北京联合出版公司，2018：233.

动化了，融会在实践领域里了。

不可否认，在历史研究领域，无论心学还是理学都秉持唯心主义的认知路线，但有一个根本的分歧："朱熹认为，阴阳是形而下的，理才是形而上的；陆九渊则认为阴阳就是形而上的。"探究其中争执的实质所在，乃是："朱分别'形上'、'形下'，以为有两个世界，陆则只承认一个世界，即心的世界。"① 朱陆的争执是一种路线的对立，但在王阳明这里发展的是一种"行动统合观"。在科学研究上，王阳明之所以更加认同陆九渊，是因为王阳明对"行动规定"的塑造，立足的是"心"，这个是中国思维科学之本。换言之，与朱熹沿着"取物比象"路线的刻画"阶级天理"的主张不同，王阳明专治以刻画"阶级之心"。所以，王阳明不是以思维制造"对象"，而是以思维创制封建社会科学的"研究对象"。所以，"他提出'知行合一'是要找到一个救天下之病的方法。"② 余英时称之为"儒学内部仍然有它自己独特的知识问题。"而专门在《论戴震和章学诚》一书中提及：王阳明一生基本上都处在和朱熹学说奋斗之中，"他心中最大问题之一还是如何对待知识，如何处理知识"，因为"朱子论'格物致知'虽然以'尊德性'为最后的归宿，但已显然接触到了客观认知的问题。王阳明在龙场顿悟以前，也一直是在与朱子的格物说奋斗，他的龙场之悟便起于对《大学》格物致知之旨发生了新解，所谓'圣人之道，吾性自足，向之求理于事物者悟也'。足见在此之前，王阳明也认为'格物'离不开对外在事物的客观知解"。③

所谓心外无理这个"心"，应作为"主体社会"解。因为无独有偶，马克思在谈到科学研究的对象确立的时候，也是这么说的，"实在主体仍然是在头脑之外保持着它的独立性；只要这个头脑还仅仅是思辨地、理论地活动着。因此，就是在理论方法上，主体，即社会，也必须始终作为前提浮现在表象面前"。马克思用"主体"诠释社会的认知规定性，强调"这个头脑用它所专有的方式掌

---

① 郑红峰. 中国哲学史 [M]. 北京：北京燕山出版社，2011：220.

② 马关泉. 论王阳明知行合一说及现代意义 [J]. 武警学院学报，2007（11）.

③ 余英时. 论戴震和章学诚——清代中期学术思想史研究 [M]. 上海：生活·读书·新知三联书店，2000：4.

握世界，而这种方式是不同于对世界的艺术的、宗教的、实践精神的掌握的"①。

然则，王阳明对朱熹的格物说做出的批评是："朱子所谓格物云者，在即物而穷其理也。即物穷理是就事事物物上，求其所谓定理者也，是以吾心而求理于事事物物之中，析心与理为二矣。"王阳明提出，天理是不须"格"的，而"事事物物皆得其理者，格物也"②。这里，王阳明实际上是展开了"格者"（行动主义）和"物者"（唯物主义）的历史对话，而统之以"心"，所谓"心之官则思"，以此建立以整体封建官僚社会为客观对象的对"思维科学"的能动思考。在马克思主义者看来，真正能够"存史"的伟大的著述和思想，一定是在科学的世界观指导下得以完成的，例如马克思的《资本论》就是"唯物史观和科学研究的完美结合与统一"。那么，王阳明的论著为什么同样能够"存史"呢？在于王阳明能够认识到人文社会学科领域内的作品一定是"史书规定"与"思维科学"的有机统一，二者不能须臾偏离。"爱曰：'先儒论六经，以《春秋》为史。史专记事，恐与五经事体终或稍异。'""先生曰：'以事言谓之史，以道言谓之经。事即道，道即事。《春秋》亦经，《五经》亦史。《易》是包牺氏（伏羲）之史，《书》是尧舜以下史，《礼》《乐》是三代史。其事同，其道同，安有所谓异？'"③ 它和章学诚"六经皆史"的区别在于从中离析出了《诗经》，王阳明坚持不认可《诗经》是孔门经典。因为"他所说的'五经皆史'要从其良知天理学说来理解"，也由于"对经史之关系和地位定位不同"，"对阳明来说，虽然说道事合一、经史合一，但道和经乃是万物精华和核心所在，是具有优先性的"，"所以，尽管阳明说'五经皆史'、道即是事，但经和道之优先性还是明确的。史或事是从更高的道化生而来，道不是由事所生。从第一层的本源之道（良知天理）看，是道化生了气或事物；从第二层的道（人心良知）来看，人心良知乃万物之心，它拥有万物之知识，会对万物进行合理的安排，

---

①马克思，恩格斯. 马克思恩格斯选集：第2卷 [M]. 中共中央马克思恩格斯列宁斯大林著作编译局，译. 北京：人民出版社，1995：19.

②王阳明. 传习录：叶圣陶点校 [M]. 北京：北京联合出版公司，2018：110－111.

③王阳明. 传习录：叶圣陶点校 [M]. 北京：北京联合出版公司，2018：22.

使其符合良知天理。道之优先性是明显的"①。

归根结底，在王阳明看来，"《六经》者，吾心之记籍也"。所以，他指出：
"圣人作经，固无非是此意，然又不必泥着文句。"② 在这里，我们必须回到"关
系的哲学"。"没有人否认，事物是因为与其他事物之间的时空联系而出现并发
挥作用的，这些事物就包括把人看作是一个肉体和社会需要的生物。把事物作
为关系来考察，仅仅是为了使事物本身存在的这种相互依存成为——正如我们
在马克思处理社会要素时所看到的那样——其内在的一部分"③。然而，"马克思
拒绝承认观念的独立发展的更为重要的影响之一是，整体概念在其所表征的系
统中不再起作用，而它在绝对观念的形式中为黑格尔充当了其独特表达方式的
源泉。整体仍然是所有关系的总和而且在每一个关系中都有所呈现，但是，作
为一个独特的概念，在说明诸多关系中的某个关系时，整体没什么用。细究之，
现实世界太复杂、太分散、太不清晰了，以至于在解释现实世界中的某个具体
事件时它并不能提供多少帮助"。相应地，"一个结果就是，黑格尔给出种类繁
多的术语，试图在其中把握整体——'绝对观念'、'精神'、'上帝'、'一般'、
'真理'，而马克思没有给出任何术语（除非我们选择按照这种思路来认识'历
史'）"。于是很显然，"个体自身被降到了只具有被动性，唯一的例外是他或她
参与考量了对准确说来属于世界精神的理解"④。这种内在关系哲学指向的是如
何有效抽象的问题。显然，第一，它要面对的是成熟态的系统（如纯然德态的
系统）；第二，它要有确定的可社会操作的思维形式。马克思称之为"抽象力的
问题"。"在研究经济范畴的发展时，正如在研究任何历史科学、社会科学时一
样，应当时刻把握住：无论在现实中或在头脑中，主体——这里是现代资产阶
级社会——都是既定的；因而范畴表现这个一定社会即这个主体的存在形式、

---

①贾庆军，等. 章学诚"六经皆史"与阳明"六经皆史"之关系探究——兼论礼制儒学与心性儒学 [J]. 宁波大学学报：人文科学版，2017 (1).

②王阳明. 传习录：叶圣陶点校 [M]. 北京：北京联合出版公司，2018：23.

③伯特尔·奥尔曼. 异化：马克思论资本主义社会中人的概念 [M]. 王贵贤，译. 北京：社会科学文献出版社，2011：33.

④伯特尔·奥尔曼. 异化：马克思论资本主义社会中人的概念 [M]. 王贵贤，译. 北京：社会科学文献出版社，2011：42 - 43.

存在规定，常常只是个别的侧面；因此，这个一定社会在科学上也绝不是在把它当作这样一个社会来谈论的时候才开始存在的。这必须把握住，因为这对于分篇直接具有决定的意义。"①

王阳明生活的年代正值封建官僚社会处于内忧外患极其严重的发展阶段，可谓"大一统的统一秩序"正在江河日下，亟待重建秩序纲常，重塑社会行为规范。简言之，这是一个"封建秩序与理论"面临大重构的时代，出现"礼制儒学和心性儒学"双向度的共生格局②。在此情势下，为了拥有广泛的群众基础，王阳明适应时代发展需要提出"致良知"的救世之策，在理论图形建构上委实是使传统的"道"和"德"的范畴进一步合流，并实践化和具象态。具体而言，就是将"象"（系统）的实体结构表述由"道—德"一体扩展为"格者→物者→致良知"的行知路线；扼要而言，前者指示行动以"心的标准"的生成，中者指示"心及物"及至"心驭万物"，后者指示"合秩序的普遍行动（发生）"。这是抽象和具体的高度统一，亦是《道德经》"无"和"有"范畴在社会行动逻辑上的有机统一。由于这个结构在认识上是社会主观统一的，遂只能以"心"统一表述之。"理也者，心之条理"，从而生成了"圣人之心"意义上的"客观思维结构"。③对王阳明来说，这个思维结构对维护封建官僚秩序来说，又必然是总体的，亦是尽量避免共同体进一步"异化"的强大思想武器，它旨在说明的是阶级之心的"本质"，即阶级行动之道和阶级行动之德。所以说"心外无理"，理一定是在心的秩序中得以建构的。有人攻击说，这个理是封建道德观念，而王阳明这么做是试图使之成为人们心中固有的先验的意识。姑且不论此种说法是否有根据，以及是否合乎王阳明本人的真实看法，就问题实质而言，乃是误解了"理在心内"的主旨意象。理的象，乃是客观思维。所谓客

---

①马克思，恩格斯. 马克思恩格斯选集：第2卷 [M]. 中共中央马克思恩格斯列宁斯大林著作编译局，译. 北京：人民出版社，1995：24.

②贾庆军，等. 章学诚"六经皆史"与阳明"五经皆史"之关系探究——兼论礼制儒学与心性儒学 [J]. 宁波大学学报：人文科学版，2017（1）.

③王阳明的弟子们将上述过程总结为"四句教"，所谓：无善无恶心之体，有善有恶意之动，知善知恶是良知，为善去恶是格物。王畿和钱德洪从中发掘出"四无"和"四有"，其实，对"研究对象的规定"而言，"无"和"有"是一体不离的；"善恶"是体，既是抽象（构造），也是具体（生成运动），从而是个矛盾统一的全体世界。

观思维，又一定是在主体社会范围内能够把握到和能够客观反映出来的思维活动形式，所以对封建官僚社会的秩序而言，唯一的界定只能是"心即理"。因为这里求的就是"圣人之学"，因此"'心即理'一语，实为王学骊珠。惟其谓心即理，故节文度数，皆出于心，不待外求，心本明即知不尽；亦惟其谓心即理，故是非善恶，皆验诸心；隐微之地有亏，虽有惊天动地之功，犹不免于不仁之归也"[①]。这印证了《道德经》的说法，即"天地不仁，以万物为刍狗；圣人不仁，以百姓为刍狗"。王阳明超出程朱理学的一个根本之处在于，将"问题意识"提升到学科建设的高度上来考量，即着眼于封建官僚秩序的"再生产"层面来"取象"认识，而绝不是就事论事，乃是根本着眼于传统社会"事的科学"之统一构建。

在实践的场域，因应"事的对象"，范畴需要"人格化"；而在理论场域，也就是在研究对象范畴上，范畴是"去人格化"的，因为它需要追求"概念为真"（即《道德经》所言的"可名"）。从这一认识立场出发，王阳明所运用的术语或者说范畴皆奔着一个共同的目的——求主客观之内在统一，而这恰恰也是政治经济学批判范畴的"工作真谛"。王阳明的学说兼容道学和儒学，从而推进了中国官僚社会在人文社会学科领域的科学研究高度，成为《道德经》之后的又一座科学高峰。作为时代践行者，它的目的只有一条，即实现"行在知中"，相应"理在心中"（理和心合、心和理合）。据之，我们要问王阳明的心学之路是伦理学吗？知行合一是伦理学吗？同样的追问来自这里："存在马克思伦理学吗？""马克思想要解释为什么资本主义经济、政治和意识形态表现出这样的形式，想要解释人们对特殊阶级成员的利益一般持什么态度。但是，当他自己赞成或谴责某件事情，或者当他从必须采取的立场出发做结论时，他绝不会超出其中包含的关系。其他像斯宾诺莎、莱布尼茨、黑格尔、狄慈根等认可内在关系哲学的思想家同样也否认事实—价值区分；要想加入到这一哲学传统之中，任何价值判断必须被认为与人们所认识的事物具有内在联系，因此作为

---

①冯友兰，等. 知行合一：国学大师讲透阳明心学 [M]. 北京：台海出版社，2016：171.

对所有事物的一种表达，这就让它变得既是可能的，又是必然的。在这种情况下，'马克思伦理学'显然就是一个错误的名称，因为这让马克思与后来的'马克思主义者'对立起来了。"①

四、 理解心外无物、 万物一体维度的心物合一

天人合一是"中国版的历史科学与思维科学的合一"，思维形式体现于知行合一。然则在实质规定上，王阳明的"心物合一"反映的是"天人合一"观照下的行动主义诉求，即只有作为行动一元主义论者，而后才能够成功地"思维取象"，直至被视为"唯心主义一元论者"（转"至物致知"为"正物致知"）。究其中之理，须由"主体批判"之上寻找根据。王阳明强调"心者，身之主也"，"言'格物'，则必兼举致知、诚意、正心，而后其功始备而密"②。所以对主体来说，"知之真切笃实即是行，行之明觉精察处即是知"。"此后世所以有'专求本心，遂遗物理'之患，正由不知心即理耳"③。

"对象→研究对象"，这个路线是"取象"行动的根本性规定，王阳明的学说亦不例外。但囿于不能克服历史观上的唯心主义，如上指出，王阳明往往采用了颠倒的表述，如说"万物一体"的本体是"心即理"，而"心即理"的本体即"致良知"。但这仍然是行动路线的求"心之理"。"'专求本心，遂遗物理'，此盖失其本心者也。夫物理不外于吾心，外吾心而求物理，无物理矣；遗物理而求吾心，吾心又何物邪?"④ 这和马克思沿着客观批判路线求"思之维"的路径相类似，但旨趣迥异。在马克思的研究过程中，"抽象和具体"最初被作为"主观思维活动形式"，即"很显然，劳动二重性在术语上来自于黑格尔的思想，在内涵逻辑上则来自于商品生产的历史，是'历史的思想'"。而后通过

①伯特尔·奥尔曼. 异化：马克思论资本主义社会中人的概念 [M]. 王贵贤，译. 北京：社会科学文献出版社，2011：62.

②王阳明. 传习录：叶圣陶点校 [M]. 北京：北京联合出版公司，2018：114 – 115.

③王阳明. 传习录：叶圣陶点校 [M]. 北京：北京联合出版公司，2018：106 – 107.

④王阳明. 传习录：叶圣陶点校 [M]. 北京：北京联合出版公司，2018：106.

"个别"上升到"一般"的客观取象，马克思开始把握住资本抽象和具体的逻辑工作安排；在这个阶段上，值得注意的一点是，"'六册计划'显然没有排除'五篇结构设想'。其中最为重要的一点是，马克思想利用'第一分册'实现对价值的较为'纯净化的'阐述。在这里，马克思试图全部克服李嘉图的错误，实现在'资产阶级古典经济学的最彻底的阐述'地基上的前进"。然后再利用上述过程形成的思维与逻辑架构，将发生运动环节的"具体→抽象"和批判认识环节的"抽象→具体"实现了"有机对接"，"故此，《资本论》理论结构形式（作为'大写字母的资本逻辑'）的叙述起点不断地漂移、改动，变化轨迹锁定为：生产方式→价值→商品"。最后，马克思确定体现在商品中劳动的"二重性"的科学表述形式，即具体劳动和抽象劳动，亦即"具体劳动、抽象劳动的意义对接显然是为了建立'商品批判'，从历史（对象）到二重性规定的行程使研究工作落实为'批判'，这就是'历史辩证法'"①。

我们可以进一步对比一下王阳明的"心象结构"和《资本论》界定的研究对象结构。共同点在于，二者都可看成是"道和德"范畴的某种转化意义上的形态具象。② 不同点在于，马克思以研究对象把握的是主体社会的"历史对象"，用和中国心学对应的术语表达就是提出"吾心即生产关系"。但是，王阳明在这一路线上贯彻的是心学唯心主义的主张，他沿着陆九渊的路子进一步向前推进，主张主体社会的对象即"吾心即万物"（万物一体），以暗合陆九渊的"吾心即宇宙"。"前文已述，王阳明在龙场顿悟时得出'心即理'的结论，所以才得以创立'知行合一'说。但是，陆九渊也是提倡'心即理'的，为什么他没能提出'知行合一'说呢？这是因为陆九渊的'心即理'，虽然也提倡'尊德性'，但他对于《大学》中'格物致知'的解释没能逃脱传统的束缚。与陆九渊不同的是，王阳明对'格物致知'的解释是彻底的'唯心论'，他明确指出'心即物'。"③ 在王阳明的体系里，物者是向着"心"前进的，心即理，以性为体，

① 许光伟.马克思劳动二重性理论思想史再发掘——兼析《资本论》结构发生的秘密[J].东南学术，2017（2）.
② 许光伟.我为什么以及如何写《保卫〈资本论〉》[J].政治经济学报，2015（4）.
③ 冯友兰，等.知行合一：国学大师讲透阳明心学[M].北京：台海出版社，2016：190.

理乃是"思之维"，这样汇集了的因素就共同奔向了"致良知"，构成致良知（封建官僚社会秩序本体）的"善行"。

这样，阶级观仍然被掩饰了，无数的个人的主观行动替换了阶级结构的历史实存性的研究，但王阳明毕竟成功地掌握住叙述方法，使"主知的工夫"转换为"主行的工夫"。"生产方式→生产关系的道（运动）"，王阳明对应的是"格者→物者"；相应，"生产关系→交往关系的德（运行）"，在王阳明这里则对应的是"物者→致良知"。① 马克思用"抽象力"努力把握生产关系对象之社会历史系统的象，王阳明用"心"托出了"物者"（万物一体），从而强调的是"心即物"（心外无物）的社会心象。这种"心物合一"对象观的进一步发展就是"心物一元"的认识论。所谓解决物的问题，从心的角度去思考；解决心的问题，从物的角度去突破。换言之，在自然科学研究上，王阳明同样持有一种"一体一元"的观点。毫无疑问，王阳明是唯物唯心的一体一元论者。这实际上就是"心的实践"和"物的实践"的合而为一观。这进一步验证对"主体社会的理解"需要走出哲学，更多采取"以道解哲、以儒释哲"的诠释立场。"诠释不是主体对客体的认识关系，也不是主体与主体之间的对话交流，而是主体与本体的关系。"故此，"中国传统的本体、主体亲和同一性虽然比西方人神相隔的'本体'主体化优越，但这一优势却从相反方向成为本体诠释学的缺陷：'主体'本体化而可能导致的本体被主体化而不再是本体"。"被牟宗三诠释强化的思孟陆王心学，正宗突出代表着人文主体化的本体诠释学。""后者固然是主体性顺命境界，但还包含着对主体限定性的觉悟，这代表着中国传统信仰精神中主体与本体相区分的最深境界。"但是，"由此发生的重大问题是，扩张为本体

---

①此处仍然集中体现王阳明知行观上的"有"、"无"辩证法。用《道德经》的话说，行（无）在知（有）中，所谓"天下之至柔，驰骋天下之至坚"；它的反过来的行程就是有无一体意义的知在行中，所谓："无，有入无间。"有学者这样概括："王阳明良知哲学体系的建构源于易，最后又归于易"，所以，"晚年更是明确提出'良知即是易'"，"王阳明的良知哲学体系是以'身、心、意、知、物是一件'逻辑地展开的"，"并最终将'人心''道心'的关系纳入到'良知即是易'的思维框架当中，从而将认识论、本体论、价值论统一于'易道生生'的方法论"。参见：张春香. 王阳明"良知即是易"之逻辑演绎［J］. 江汉论坛，2018（1）.

的主体诠释何以保证'自作主宰'的主体不是僭越性伪'本体'"?① 出路仍然可能是"工夫所至，即是本体"，即以物质客观性的存续为本体，以行动的客观和总体性的存续为主体。

因此，它在工作内涵上的历史指向性，以及可能具有更多的方法论意义也许基于此，即"劳动二重性学说自然是对唯识学'心物一元论'的唯物主义匡正，是变一元二面为一元二重。说历史存在现象是'心''物'一元，在于指明物是具体存在，心是抽象存在，即变动不居的发展事物是具体性和抽象性的统一；其中，'心'乃是实质，'物'乃实质规定的肉体之躯。商品的唯物主义的一元实为劳动，价值实为商品社会的'人心'。而唯'心'者——并非哲学观意义的唯心主义者——观之伦理的因素，则马克思视为社会发展内容的历史实体。一言以蔽之，价值乃是众心所指，乃是人心所向"。②

五、 再谈心物合一、 心理合一、 知行合一的方法论意义

天人合一是中国人的行动方式和思考方式。"天人合一的辩证法"乃是《道德经》首章所讨论的对象，就本文所涉及的论题，它委实关切的是"行动"（道）和"范畴"（名）的阴阳合一的辩证法问题。所谓"两者同出"，是言知行同体，浑然同一，皆出乎道；所谓"异名同谓之玄"，是言"阴阳"；所谓"玄之又玄，众妙之门"，犹如马克思强调的劳动二重性乃是"政治经济学理解之枢纽"。然则，从中可以看出《道德经》和《资本论》的首章，在设计思想上确实具有很大程度的"逻辑同构性"。

以"无"为常，欲以观"运动之妙"。对象规定范围内包含的历史运动是"具体（运动）→抽象（构造）"，构成《道德经》所言：天下万物生于"有"，"有"生于"无"。很显然，"具体存在——抽象存在"在运动结果不可能生成

①尤西林. "本体"主体化与"主体"本体化——评成中英的"本体诠释学"与朱利安的"间距"观［J］. 南国学术，2014（4）.

②许光伟. 保卫《资本论》——经济形态社会理论大纲：修订版［M］. 北京：社会科学文献出版社，2017：99.

物质上的"心的结构"，而只能是产生出"心"能够把握的认识客体——主体社会。所以，研究对象只能是对象与思维统一的"行动"。全部的过程可以写成这样的历史行动路线：客体（对象）积极融入主体，构造自身为"实践对象"；这就是"主体的创世"。① 可在思维看来，这是"客体"被主体所摄入，从而达到的对象根本上是客体与主体之间实现的能动结合。继之，以"有"为常，欲以观"构造之徵"。仿造上述说法，研究对象乃是思维（主体）和对象本身的能动结合（思维被对象能动地摄入体内）。亦就是说，借助思维主体，对象变"研究对象"，这就是"科学研究的创生"。客体变出主体（依靠"客观批判"的行动），主体变出思维，对象变出研究对象，从而思维世界的规定（和客观世界契合的思想系统）才真正成行。作为行成系统，它试图主宰世界的运行，进而生成主观世界与客观世界"相生相克"的实践张力，但也同时衍生了客观历史世界的生生不息和无穷的知识图像。这个对象始终是这个实践的对象，所以出发点毋庸置疑是实践本身。应根据这个原则，重新综述王阳明学说中蕴含的方法论意义。

它不是一个逻辑知识的描述，却是对"思维的统一结构"的一个描绘。把"主体社会"作为一个科学研究上的对象（即"思维之象"）来确定和把握，这是王阳明超出朱熹的地方。故此，在对象的演化路线上，王阳明肯定的是"自然之物"转向"社会之物"。"'物'也不再是简单外在于知觉心的具体事物，而是相对于道德本心，是与人的道德实践相即不离的意向性存在，皆称其为'物'。由此心物关系从人们日常习惯理解的认知关系转变为'心'对'物'之存在意义不断开显的意义结构。"② "阳明提出或建立'心外无物'的原理，概括地说，通过三个环节作为中介，一是以物指事；二是从心上说事，即从主体方面定义事；三是通过意与物的关系建构起心外无物的心物论。"③ 所谓"知者意之体，物者意之用，意之所在便是物"。王阳明的心学所着力打造的就是"意

---

　　①人是客观物质世界的进化的产物。物质条件必然生出自己的主体。从而，这里表达的是世界演化的自然秩序，本质上是规定"宇宙的创生"。

　　②徐达. "心物之辩"：论王阳明"心"之本体对意义世界的开显 [J]. 哲学研究，1990 (3).

　　③陈来. 王阳明哲学的心物论 [J]. 哲学研究，1990 (3).

之所在便是物"（物即是事）的哲学出发点，使之化为心的材料，但王阳明不否认外在具体事物的客观实在性。"心外无物"并非一个认识论命题，而是具有内涵丰富深刻的实践论命题。"正是在这种意义上，王阳明侧重从心上说物，声称'心外无物'。于是，心也就不是什么现成的东西：'心不是一块血肉，凡知觉处便是心'，'所谓汝心，却是那能视听言动的'。能不离所，所不离能，即能即所，能所互生，心物也就在这一循环结构中相互争斗相互转让而复生了。"[①]

从"物的科学"对"事的科学"转化为起步，王阳明主张的认识论是迥异于自然科学的。这样，在王阳明看来，"心物合一"乃是社会科学的直接出发点，心物合一就是生产关系的"中国表达"（思维形式Ⅰ）。"心"是统一的中国主体社会的思维范畴。"这里的'物'主要指'事'，即构成人类社会实践的政治活动、道德活动、教育活动等等。"[②] "大体说来，王阳明论心物关系有三个层次：一是心物循环论，将一切有关心物关系的'自然观点'悬置；二是行为工夫论，以事为物，消心物于不'积'之实行；三是生存本体论，于'感应之几'处为前二说建立最后之根基。无疑，在这三层次中，生存本体是根，无它即无前二者。但行为工夫却是王阳明的'立言宗旨'，即讲学目的之所在，因而也就成为重中之重了。"[③] 应无所住，而生其心；由物演（行动）通达心演（图式），但同时保证了"心外无物"，所以心物必须合一，这从行动本位上规范了存在范畴——它们是历史的"运动的合一"。

桥梁就是"感通"。既无离心之物，也无离物之心，训物为"事"，那"意之所在"背后立着的便是心的实践范畴了。在研究对象层次，"心"从"心物合一"关系中独立出来，成为天人合一的单独化的主体抽象表达形式，因为心不独是理的规定性（理是心的实体），按生成规定看，心是道和德的统一，是象的具象形式。物是行动的形象，心是思维（象的思维结构）的具象，至此，心理合一乃成为官僚社会历史形态的"思维表征"（思维形式Ⅱ）。中国是"认识之

---

①赵晓芳，等. 感应与心物——王阳明"心外无物"思想的生存论分析 [J]. 复旦学报：社会科学版，2003（2）.

②陈来. 王阳明哲学的心物论 [J]. 哲学研究，1990（3）.

③赵晓芳，等. 感应与心物——王阳明"心外无物"思想的生存论分析 [J]. 复旦学报：社会科学版，2003（2）.

成"的大国，而始能实现历史大治。① 王阳明心学的理论奥妙就在于对行动主义与唯心主义的辩证统一，它是对研究对象范畴的逻辑规范。真正的象是在社会再生产中提取出来的；它在思维上是客观的、总体的。② 这样才有意义和行动的生发，故而"在王阳明哲学中，心具有本体的地位，是价值的最终源头和存有论的最终依据"。所谓"心宰义"，即是说"阳明以心即理为宗旨时，他把朱子外在的天理标准转化为人人同具的良知"③。相应，王阳明心学理论——本质上是儒学社会理论——在使命上即是重建"阴阳"，实现了阴阳结构内"无"和"有"以及"抽象"和"具体"范畴（分别代表行动主义和思维科学）的"历史对话"。

王阳明从"万物一体"中取象，复归于"格者"（这导致王阳明以"正"训格），而又通过"心即理"进行思维的中介，直至通达"致良知"行动。这样，就完成了以再造秩序为己任的"批判的知识理论"。"就王阳明对《大学》'八目'的知行分殊来看，王阳明将知行关系收摄为'致良知'，以向内体认良知天理的'致吾心之良知'为致知，以向外推扩良知天理的'事事物物皆得其理'为格物，以由内而外的'致吾心良知之天理于事事物物，则事事物物皆得其理'为力行，力行践履的（主体）修养工夫贯穿格物致知的始终。"这是从完善主体的角度进行的知识生产创设。因此，"王阳明在格物致知中提倡的方法是由体悟良知本体的心体澄明，达到人情练达的世事洞明"④。其守卫"认识"的地方在于强调"知即行"（知行合一可看作与上述对应的"思维形式 III"），成功地把无到有的生成运动反转为有生无的认识行动，从而也就完成了对知识范畴进行的行动规范。

①可以通过对清代章学诚"学者身份"的历史辨识，更加突出这一点："章通过其文史校雠之学的考察而发现的上古文化所存在的'官师合一'、'治教合一'（实质就是'政教合一'）这一传统是落实经世致用的前提条件，他一心一意所追求的'经世'理想便是如何在当下社会恢复上古时代'官师治教合一'的理想状态，所以他的'复古心态'很强烈。当18世纪乾嘉朝正由盛转衰，时代正慢慢开启走向'近代'大门之际，章的思想要求却欲反其道而行，为这扇大门加上一把门锁。"参见：吴震.章学诚是"近代"意义上的"学者"吗？——评山口久和《章学诚的知识论》[J].南国学术，2014 (1).

②如上所论，《道德经》首章构造了一个客观的"思维的总体"，因而实质意涵在"取象"，是关于"对象"和"研究对象"关系的总摄。

③申鹏宇.心物双彰——论王阳明的心物观 [J].云南社会科学，2012 (6).

④李训昌.诠释与建构：朱熹和王阳明知行观的比较研究 [J].三峡大学学报：人文社会科学版，2013 (3).

　　根据以上综述，王阳明的学说事体是一个复杂的历史事件。第一，从与现代知识论接通的层面看，思维形式 III 是其体系的战略制高点，并且也是王阳明本人所热衷的"立言主旨"；第二，从与思维科学的可契合之处看，王阳明的体系精粹是思维形式 II，因为它是和"天人合一"直接贯通的，也符合马克思抽象力的理论诉求；第三，从与现代科学体系的对接之点看，就毫无疑问地要首推"心物合一"的假说了，因为思维形式 I 背后隐藏了中国的唯物主义的实质。本文更多是将思维形式 II 和思维形式 III 结合起来加以考量的，因为这尤其突显了王阳明和马克思的科学研究上的历史继承关系——从中国角度，又在《道德经》和《资本论》之间搭建了可以信赖的逻辑联系。它表明思维科学一直是存在的，并在人类文明的总体建构秩序中以一个确定的方向在向前发展着，《资本论》委实是它的一次总体建构的成功！《道德经》是伟大的"第一次成功尝试"，王阳明心学继之作为"第二次成功尝试"；两次成功的尝试可以说为《资本论》提供最为扎实的历史文献根据，打下了思想根基。结合以上提及的三位伟大作家的著述，政治经济学批判范畴得以具象化，"它的完整含义包括：历史知识和历史支架；逻辑架构及其衍生的'思维支架'作用；语言工具和认识支架"[①]。可以图像为如下逻辑之机理构造：

图 2　思维科学——思维形式的运动和构造：对象·研究对象·知识逻辑[②]

---

　　①许光伟，等. 文化《资本论》研究刍议——纪念马克思诞辰 200 周年［J］. 湖北经济学院学报，2018（1）.

　　②该图体现了"历史科学"和"思维科学"研究与建设的同步性。概言之，就是以"自然形式"和"逻辑形式"对接开启学科研究之路，而科学的发端在于"历史形式"和"思维形式"的对接，进一步，科学研究事业的"创生"则加速"社会形式"和"知识形式"的直接对接——而最后者，从人类文明的演化看，整体上即是"马克思主义的工作发端"（可以说，它的直接认识高度即是"历史唯物主义"），这就是《实践论》所强调的"马克思以前的唯物论，离开人的社会性，离开人的历史发展，去观察认识问题，因此不能了解认识对社会实践的依赖关系，即认识对生产和阶级斗争的依赖关系"。换言之，如果没有思维形式之作为思考的中心对象，生产关系亦很难被确定为中心对象规定的社会形式。这样看来，马克思的生产关系研究亦是为解决"无"、"有"关系的一种思维方法和社会研究方法，它是人文社会科学普遍适用的方法和工作逻辑。

所谓"思维科学"，在于肯定思维形式的客观总体性，揭示的就是思维的一般法则和一般规律。图中，居中的图形的"无"由左方的行程所规定，"有"由右方的行程所表现。在对象层面，思维范畴"抽象和具体"与存在（规定）统辖的"无"和"有"范畴对应；实际上在思维运动上，是以"无"规定"具体运动"，相应以"有"规定"抽象构造"。在王阳明体系中得到确认的则是"心物合一"，它们行动一体，故而"心外无物"，从中得到抽象思索的思维形式结晶——"心即物"。在研究对象层面，思维范畴"抽象和具体"与阴阳（规定）统辖的"抽象"和"具体"范畴直接对应，实现了人类思维上的对"天人合一"的知识内敛。在知识逻辑层面，思维范畴"抽象和具体"与批判（规定）统辖的"行"和"知"对应，从而"批判的知识理论"将抽象范畴和具体范畴变为可操作的"逻辑的知识"，即和形式逻辑构造对应的知识形式范畴（概念）。概言之，上图展示思维科学的内部秩序性，盖由"阴阳"统率，产生"玄之又玄，众妙之门"的运动复归——运动不断重新出发、构造不断复归。

六、 结束语： 思维的统一性——内涵不断丰富和扩充的历史科学

据以上所述，中国的知的路线和西方欧美有很大的不同在于对"思维科学"工作规定性的强调，而和马克思的理论科学旨趣内在契合，因为双方都致力于"思维统一性"的学科建设与辩证阐述。在马克思诞辰200周年之际，从学术史角度梳理伟大革命导师马克思与中国学术先贤王阳明的思想共通，产生的一个意想不到的成果就是"思维科学"历史范畴与总体建构的可能性。虽然处于不同的思想建构领域以及面临截然不同的学术革命际遇，中国的章学诚以及时处欧洲世界变革之际的马克思和恩格斯都不约而同地提出了"统一化历史科学"之主张，背后一定有内在一致的工作理念诉求。根据本文的研究，可初步归纳为"思维科学成型"的理论需求。兹以下图简示之。

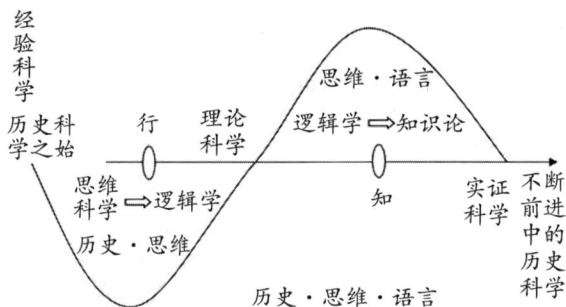

图3　政治经济学批判：主体与客体统一

　　上图显示，以"四个自信"统一的学科方法和工作逻辑作为尺度，马克思主义工作指示的"历史科学"在工作内涵上具有不断进取的历史开拓性，在学科建设上则具有明显的开放性。"象所固然，思亦必至"，思维科学既是理论科学建构的必备要件，同时亦是推进历史科学启航的重要推手，就某种意义上说，担当"第一推动者"的角色，并且在人类思想史进程中，它处于不断建设中。关于"思维科学"的这种工作重要性，我们以《资本论》的开篇设计为例：马克思以"商品的两个因素"的说明为工作开局，旨在说明截然不同的对象规定，即工艺学对象的使用价值（其思维形式是自然科学的理论科学的对象规定）以及政治经济学对象的价值（其思维形式是社会科学的理论科学的对象规定），这样沿着思维科学的路径可说明价值体必然是据实体和价值形式的统一。理论根基是阴阳总体思维，即对象思维形式规定一般。并且进一步的研究表明，虽然价值形式是从价值实体引出的"逻辑事件"，但是，"从抽象上升到具体的方法，只是思维用来掌握具体、把它当作一个精神上的具体再现出来的方式。但绝不是具体本身的产生过程"[①]。从而引出《资本论》研究对象的三重工作蕴涵：第一重是"生产关系对象"的社会形态设定，表明《资本论》的思维科学完全以历史科学的对象规定为依托；第二重是，以资本为思维形式，思维形式的构造机理是有无相生、抽象和具体的结合统一，"此两者同出而异名"，谓为"同谓

------

　　①马克思，恩格斯. 马克思恩格斯选集：第2卷［M］. 中共中央马克思恩格斯列宁斯大林著作编译局，译. 北京：人民出版社，1995：19.

之玄"；相应的第三重落脚为以思维科学的工作规定为内置，建立对象规定的客观逻辑体系，即资本主义生产关系的历史发生学、资本主义生产关系的系统发生学、资本主义生产关系的现象发生学，而把思维形式自身定位为"认识发生学"。三重关系形成蔚为壮观的"历史的全息知识图谱"，这是全部"批判的知识理论"之生产基础。鉴于此，《资本论》的研究象限必须展开为具有辩证联络关系的"四象知识模型"，即：（1）政治版——其决定政治经济学批判的"学科工作属性"；（2）哲学版——阐明马克思主义"理论科学"；（3）数理版——以广阔的数理逻辑链接"实证科学"；（4）文化版——正面担当发掘"思维科学"的研究与阐述任务。[①]

然则，马克思政治经济学批判工作方法必须基于"思维科学"路线予以一般化，以体现"政治经济学批判是线索"的研究一般规定。我们将迄今为止的人类政治经济学批判工作理路的发生学图景展示如下：

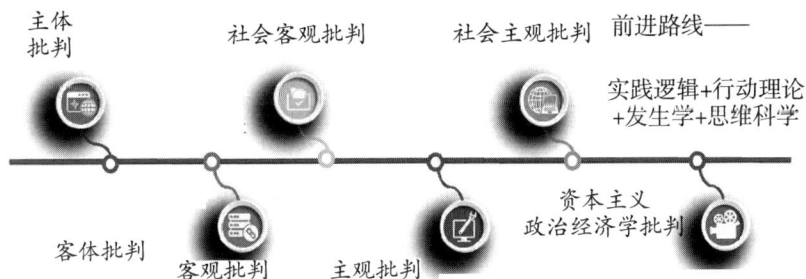

图 4　双向解读路径：中西对话意蕴的《资本论》学术研究

上图集中展示了"《资本论》学术保卫"的对话意蕴与建设任务：从《资本论》研究到中国特色社会主义政治经济学建设。所谓的"以中解西"，在于强调《资本论》的"工作意译性"，即以中国的"思想高地"（如共同体、心、人民）对接《资本论》的价值阐述和资本阐述，彰显中国社会发展形态的生产特性、组织特性与对经济范畴的认知特性；所谓的"以西解中"，就是对中国经济形态（突出的形态是"家"、"国"主导的经济体制）进行合乎世界学术规范的

①许光伟，等. 文化《资本论》研究刍议——纪念马克思诞辰 200 周年［J］. 湖北经济学院学报，2018（1）.

新阐释，从中应深刻体会到中华研究对象的学科逻辑和政治经济学批判工作逻辑的内在一致性，所谓"孔德之容，惟道是从"，所谓"道之为物，惟恍惟惚。惚兮恍兮，其中有象；恍兮惚兮，其中有物；窈兮冥兮，其中有精；其精甚真，其中有信"。可见，在众多的思维研究线索中，政治经济学批判乃是一条主线索，是一条贯通中西的主流工作线索，它直接推进了历史科学的研究进程，作为理论科学建设的领导核心与工作地基。①

尤其重要的是，认识到以中国的"知"开启中西"学术对话"富有时代意义。近代中西"学术对话"以来，围绕什么是"知"，中西之间一直持有不同的看法。例如说，"西方哲学不论是理性主义或经验主义，它们的知识论研究主要是以数学或自然科学为对象，其中尤以康德的论题最具代表性——'纯粹数学如何可能''纯粹自然科学如何可能'"。而与之相反，"中国传统的知识论属于'知道如何'类型。因此，不能说在中国哲学里，知识论从来没有发展起来，而宁可说，中国哲学中没有发展出求真的、理论的知识论，但却发展出行动的、实践的知识论"②。因此，"李约瑟问题'为什么近代科学没有在中国产生'应该是个弱问题，甚至假问题。强问题应该问：为什么中国产生不了科学；真问题应该去探索：为什么欧洲产生科学"③。后者面临严峻的思维科学领域的"政治经济学批判"问题。然则，两种看似"截然对立"的知识路线，在政治经济学批判意义域内却是可以求得"共通之处"的，就是通过追问"中国的认识"和"中国的知识问题"而迫近对"知识论事实"的理解，这也就是在辩证逻辑中求取"形式逻辑"。从而，知识必然"具有逻辑的二重态"，即作为"逻辑定义"的知识形式和作为"批判对象（规定）"的知识形式。④ 也因此，它的思考

① 从目前的研究情况看，发挥影响力的思维科学研究的派系是这么三个：一是依托自然科学和唯物主义的脑科学认知学派；二是依托心理分析和实证主义工作路线的行为和实验学派；三是直接依托马克思主义学派的辩证思维研究。但无一例外的是，上述派系都忽略了对"思维客观性"和"思维形式总体性特征"的研究，忽视了中华思维科学和马克思《资本论》工作的内在贯通性。可见，思维科学的新进展显然就是"中国原创"与"马克思原创"的再融合以及依据时代要求的创造性的"再表述"。

② 陈嘉明. 中国哲学"知"的观念与"李约瑟难题"[J]. 中国德育, 2015 (4).

③ 朱晓农. 语言限制逻辑再限制科学：为什么中国产生不了科学？[J]. 华东师范大学学报：哲学社会科学版, 2015 (6).

④ 许光伟. 《资本论》与条目体——兼析政治经济学的学科规范 [J]. 经济学动态, 2017 (12).

价值如下：

首先，人类之思从"物的世界"出发，经由"心的世界"，复归于"物的世界"，"在这样的结构中，王阳明的心物学说融合于一个无限的视域内"。依此路径理解，"王阳明的心物学说在实质上根本不是认识论的，而是意义论的"。[①]在认识考量活动中，在知识生产上，王阳明始终考虑的是"行动形式"，即行动和知识形式的结合，视行动本身为知识和概念之根据，这就将人类行动"思维方式化"了，比之黑格尔的逻辑学（主观思维活动—客观思维形式—概念）旨趣相异。所以，历史重述的"王阳明心学"应锁定于"主体社会"这个对象和研究对象（知行合一究其实质是"主体社会之思"的规定），以之为历史批判的前提，实现主体社会及其知行合一（规定）的行动再出发。

其次，必须认识到，作为一般意义和规定的"逻辑学"是存有的，但仅局限于提供"解释世界"意蕴的认识功能，即把握知识工具。人的思维方式，说到底还是"社会历史行动之思"。马克思对黑格尔逻辑学的改造没有满足于"形式颠倒"，全面涉及了内容环节，比如说，黑格尔的思考中心是"抽象"（作为"逻辑学对象"之思维形式），马克思将之置换为"抽象和具体的统一"，这就越出了黑格尔逻辑学。从而可以说，马克思是以"劳动二重性"为思维方式，以"抽象力"（抽象和具体之合一性）为思维形式，以"抽象和具体"（一般、特殊、个别）为知识形式的系列规定的。[②]黑格尔的"逻辑学期望"被马克思由"思维方式（主观）—思维形式（客观）—概念形式（主观）"这一工作链条彻底改造为实践逻辑运动的一般形式：思维方式（对客观批判活动的历史反映和能动把握）—思维形式（客观批判规定的反映形式）—知识形式（对主观批判规定之反映和把握），以服从于改造世界之宗旨和目的。并且唯有在此工作体式下，知识形式才可能真正实现自身由"主观性逻辑内涵"（规定）向"客观性物质反映内容"的翻转和皈依。因此，马克思认为，既然"范畴表现"，从而人们通常所使用的知识概念常常只是"个别的侧面"，知识生产就不可避免地面临

[①]徐鹤然. 王阳明心物学说再辨［J］. 哈尔滨师专学报，2000（4）.
[②]许光伟. 马克思劳动二重性理论思想史再发掘——兼析《资本论》结构发生的秘密［J］. 东南学术，2017（2）.

"前提批判","概念为真"就是抽象范畴对抽象存在规定乃至整个客观思维系统所存有的能动关系。认识从来也都是从"对认识的批判"开始进行再出发的。于是,究竟该采取怎样的一种方式对待中国的历史和文化,特别是绵延几千年不曾断绝的制度文化和思想呢?这可能不是仅仅通过引入西学,所能解决问题的。认真解读好中华经典依然是一把很好的钥匙,人们甚至能从《资本论》中探看它的身影,这说明了"中华科学"历史与逻辑的实存性,背后起作用的因素很多,但最终要归功于中华民族长久以来坚持不懈的学科建设工作之上。

最后,需要了解的是《资本论》提供了"真正的认识论",因为它是关于政治经济学批判之"历史科学"和"思维科学"的高度统一。在强调《资本论》方法论指导意义的同时,具象性地和历史、文化对接,不失为今后一个主打的研究领域方向。其实,文化始终是学科工作规定,文化也必须成为政治经济学批判的工作新构件。"它拓宽了逻辑和经验的狭隘基础,极大增强了知识的理解弹性与批判性的生长向度,于是对中国而言,以此为契机,实现经济思维与语言的'回家、回历史与回中国'就成为中国经济学建设事业中的一项持久性的日常工作。"并且,"其说明了中国人是在怎样的意义上'神会了'《资本论》",中国人"通过它叩问过去而开启未来"。从整体来看,这就是"与时俱进的《资本论》'体'、'学'、'用'","以'批判'为学科工作规范,使得政治经济学批判本身必须作为'总体研究方法'的规定被看待"①。于是,王阳明学说从知识生产的角度看,也主要是学术继承性与学科的时代性开发与文化拓展。在"中西对话"日益强化的条件下,需要进一步认识到,最高的对接点乃是中华历史和世界历史,应在这个高度上"取象",携手"思维科学",激发更多的智慧与行动。

参考文献

[1] 马克思. 资本论:第 1 卷 [M]. 北京:人民出版社,2004.

---

①许光伟,等. 文化《资本论》研究刍议——纪念马克思诞辰 200 周年 [J]. 湖北经济学院学报,2018 (1).

［2］马克思. 资本论：第 3 卷［M］. 北京：人民出版社，2004.

［3］王阳明. 王阳明全集［M］. 上海：上海古籍出版社，1992.

［4］王阳明. 传习录：叶圣陶点校［M］. 北京：北京联合出版公司，2018.

［5］伯特尔·奥尔曼. 辩证法的舞蹈——马克思方法的步骤［M］. 田世锭，等，译. 北京：高等教育出版社，2006.

［6］伯特尔·奥尔曼. 异化：马克思论资本主义社会中人的概念［M］. 王贵贤，译. 北京：社会科学文献出版社，2011.

［7］陈嘉明. 中国哲学"知"的观念与"李约瑟难题"［J］. 中国德育，2015（4）.

［8］陈来. 王阳明哲学的心物论［J］. 哲学研究，1990（3）.

［9］冯友兰，等. 知行合一：国学大师讲透阳明心学［M］. 北京：台海出版社，2016.

［10］马关泉. 论王阳明知行合一说及现代意义［J］. 武警学院学报，2007（11）.

［11］李训昌. 诠释与建构：朱熹和王阳明知行观的比较研究［J］. 三峡大学学报：人文社会科学版，2013（3）.

［12］贾庆军，等. 章学诚"六经皆史"与阳明"五经皆史"之关系探究——兼论礼制儒学与心性儒学［J］. 宁波大学学报：人文科学版，2017（1）.

［13］申鹏宇. 心物双彰——论王阳明的心物观［J］. 云南社会科学，2012（6）.

［14］王冠辉. 王阳明评传［M］. 武汉：华中科技大学出版社，2013.

［15］吴震. 章学诚是"近代"意义上的"学者"吗？——评山口久和《章学诚的知识论》［J］. 南国学术，2014（1）.

［16］许光伟. 论《资本论》的研究方法与叙述方法——纪念马克思诞辰 200 周年［J］. 河北经贸大学学报，2018（5）.

［17］许光伟.《资本论》与条目体——兼析政治经济学的学科规范［J］. 经济学动态，2017（12）.

［18］许光伟. 保卫《资本论》——经济形态社会理论大纲（修订版）［M］. 北京：社会科学文献出版社，2017.

［19］许光伟. 马克思劳动二重性理论思想史再发掘——兼析《资本论》结构发生

的秘密 [J]. 东南学术, 2017 (2).

[20] 许光伟. 我为什么以及如何写《保卫＜资本论＞》[J]. 政治经济学报, 2015 (4).

[21] 许光伟, 等. 文化《资本论》研究刍议——纪念马克思诞辰 200 周年 [J]. 湖北经济学院学报, 2018 (1).

[22] 尤西林. "本体" 主体化与 "主体" 本体化——评成中英的 "本体诠释学" 与朱利安的 "间距" 观 [J]. 南国学术, 2014 (4).

[23] 余英时. 论戴震和章学诚——清代中期学术思想史研究 [M]. 上海：生活·读书·新知三联书店, 2000.

[24] 徐达. "心物之辩"：论王阳明 "心" 之本体对意义世界的开显 [J]. 理论界, 2016 (11).

[25] 徐鹤然. 王阳明心物学说再辨 [J]. 哈尔滨师专学报, 2000 (4).

[26] 张春香. 王阳明 "良知即是易" 之逻辑演绎 [J]. 江汉论坛, 2018 (1).

[27] 赵晓芳, 等. 感应与心物——王阳明 "心外无物" 思想的生存论分析 [J]. 复旦学报：社会科学版, 2003 (2).

[28] 郑红峰. 中国哲学史 [M]. 北京：北京燕山出版社, 2011.

[29] 朱晓农. 语言限制逻辑再限制科学：为什么中国产生不了科学？[J]. 华东师范大学学报：哲学社会科学版, 2015 (6).

（作者单位：江西财经大学经济学院）

前南斯拉夫社会主义自治制度研究评述

刘伟杰

摘要： 在社会主义发展道路选择上，前南斯拉夫的社会主义自治制度别具一格。尽管社会主义自治制度最终因南联盟解体而宣告失败，但其中"工人自治""联合劳动"等思想仍然值得我们深入研究和探讨。本文通过文献梳理，对前南斯拉夫的改革历程进行概括，系统论述自治制度改革的历史背景与宏微观特征，归纳总结前南斯拉夫改革的马克思主义理论基础，最后就我国学界有关前南斯拉夫自治改革的文献进行评述。前南斯拉夫的改革在宏观上表现为社会所有制，即在社会主义自治下保留商品经济，并保存市场与计划两种调控机制；微观上主要体现在建立以联合劳动为特征的劳动组织并执行严格的按劳分配制度。时至今日，我国生产力水平显著提升，市场经济改革也进入深水期，重新思考和认识前南斯拉夫改革中的一些经济思想，总结改革失败的经验教训，对我国进一步推动改革具有重要的理论和实践意义。

关键词： 前南斯拉夫；工人自治；联合劳动；社会主义改革

一、 社会主义时期的前南经济改革历程概述

1945 年 11 月 29 日，前南斯拉夫共产党立宪议会宣布废除君主政体，成立

南斯拉夫联邦人民共和国（Federal People's Republic of Yugoslavia, SNRJ），至
1992 年国家解体，前南斯拉夫（以下简称"前南"）先后进行了数次重大经济
改革，包括建国初期社会主义改造、50 年代的工人自治改革、1965 年全面经济
改革、70 年代以《联合劳动法》为中心的改革以及国家解体前的市场经济改革。
本节将以这五次经济改革为节点，系统性地回顾前南的经济发展情况和改革
历程。

（一）社会主义改造阶段（1946—1950）

1946 年 1 月 31 日，前南立宪会议借鉴《1936 年苏联宪法》，颁布了前南联
邦人民共和国的第一部宪法。宪法规定前南的生产资料所有制为国家所有制、
合作社所有制和受国家保护的私有制，国家有权利为了人民利益将某个经济部
门或企业国有化，新的国家制度和社会关系得以确立。前南共产党（以下简称
"南共"）积极推进社会主义改造，议会先后颁布《没收通敌分子和德裔居民财
产法》《土地改革和农垦法》《大银行国有法》《私人大工业、运输企业、简直
企业一级批发企业国有法》等重要法律，通过采取没收政策，实行土地改革、
国家管制等办法，使国家逐步控制了银行、工业企业和对外贸易，逐步形成了
行政管理的计划经济体制，到 1947 年工农业生产能力已基本恢复到战前水平。
1947 年国民议会通过第一个经济发展五年计划，期间南苏交恶和自然灾害等事
件虽然在一定程度上阻碍了"一五"计划如期顺利完成，但国家在经济、教育、
文化等方面的发展依然取得了积极的成果。与此同时，南共也在寻求一条区别
于苏联集中计划模式的社会主义发展道路。

（二）工人自治改革（1950—1963）

南共在 1949 年就提出要在企业生产和劳动组织中加强工人的作用，1950 年
第一个工人自治法规《关于劳动集体管理国营企业和高级经济联合组织的基本
法》出台，国营企业管理权逐渐转移至劳动集体。所谓工人自治，是"由劳动
集体自由选举产生的代表和机构，将代表社会并根据有关法律条文，来管理属

于全名所有的经济企业①"。生产资料所有制方面，1951年底颁布的《国民经济计划管理法》抛弃了苏联模式的行政计划制度，将生产资料国家所有制改为社会所有制，生产资料交予企业工人进行监管，在工厂建立起工人管理机构，劳动者通过工人委员会和管理委员会来实现对企业的管理，允许生产资料相互买卖和转让；计划、生产方面，取消了政府对企业的计划生产指令，国家对企业的资金支持由拨款改为贷款，企业在生产开始享有一定"自主权"，产品生产的数量、质量、类型等方面可由企业自行决定；收入分配方面，扣除生产费用、上缴税款等的余下部分由企业内部自行分配，企业财产和收入处置权均有所扩大。工人自治改革很大程度发挥了劳动者工作的积极性和创造性，国民经济快速发展。从1953—1963年，前南的工业年平均增长率为13.8%，国民收入增加一倍，经济发展速度居世界前列②。工人自治改革更多是在微观层面上开展的，赋予了企业更多权力，而在投资、价格制定、对外贸易等方面，依然是由国家统一集中管理，改革很少触及宏观经济管理体制。

（三）全面经济改革时期（1963—1971）

在工人自治改革初期，生产力在短期内得到快速发展，但国际形势恶化和改革体系缺陷却引发了通货膨胀和1961—1962年的经济衰退，投资、工资、贸易赤字的"三高"导致的经济问题使前南重新规划未来一段时间的改革走向。1963年宪法再次将实行自治制度作为前南社会主义社会的一项基本原则，开始推动从"工人自治"到"社会自治"的全面改革，在扩大企业自主权的同时推动商业、金融、交通、教育等社会各项事业按市场机制进行改革。首先，企业管理中工人自治的权限进一步拓展到扩大再生产领域，取消了国家和社会投资基金，全面实行银行贷款，削弱国家集权对经济管理体制的控制。其次，加强市场的调节作用，国家放开部分产品的定价权，价格形成以企业根据市场情况和自治协商的原则而定，企业生产活动得以在市场竞争中更趋于集约化，以进

---

① 韦力米尔·瓦西奇. 前南的经济政策 [M]. 北京：中国对外翻译出版公司，1984：27.

② 王义祥. 前南经济改革的历史教训 [J]. 今日前苏联东欧，1994（6）.

一步提升生产效益。除此以外，前南进一步加快对外开放，积极参与国际分工，发展对外贸易。这一时期的改革，在一定程度上提升了经济发展的市场化水平，扩大了企业发展自主权，但国家权力分散对经济计划的协调和实施造成困难，盲目投资引起国民经济各部门的比例失调，企业和个人间的收入差距被拉大，物价飞速上涨，通货膨胀加剧，失业率增加，这些都对前南的经济发展产生负面效应。统计数据显示，工业平均增长率由 1960—1965 年的 10.67%，下降到 1965—1969 年的 5.31%，1966—1967 年甚至出现了 0.3% 的负增长[①]，1967 年社会总产值增长率仅为 1%。事实上，在全面改革的中后期，前南经济处于无协调、无计划的半无政府混乱状态，经济增长波动较大。社会发展也因此而动荡，工人罢工频发，学潮运动爆发，这都有悖于改革初始目标。

（四）推行以联合劳动为中心的改革（1971—1988）

为适应自治改革需要和实际经济社会发展特点，前南不断对宪法进行修改，1967—1971 年间，议会审议通过 42 项宪法修正案。其中，1971 年的修宪法案"开始了前南宪法制度发展的最后阶段和使社会主义自治制度的发展进入第三阶段[②]"，1974 年新宪法与 1976 年《联合劳动法》的出台进一步推动了工人自治改革的历史进程，开始实行联合劳动和建立在联合劳动基础上的代表团制。这次改革的主要目标是在发挥市场和自治优势的情况下，避免市场产生的消极影响，使经济运行在"自我管理契约"与"社会契约"的基础上，把经济发展重新置于广泛的政治监督之下。具体包含以下几点措施：第一，实行联合劳动的原则，新宪法和联合劳动法将联合劳动确立为新的经济社会体制，劳动者不仅可以通过工人委员会管理所在企业，而且可以通过代表团参与和管理国家各项事业。第二，实施自治社会计划制度，通过自治加强计划协调，消除行业内部、同一区域行业之间、地区之间和全联邦之间的企业交流壁垒，调和企业间生产和经营，并协调企业与政府以及各级政府间的经济发展目标，改进宏观经济调

---

①马细谱. 南斯拉夫兴亡 [M]. 北京：社会科学文献出版社，2010：273.

②萨沃·克里莫夫斯基. 前南社会主义联邦共和国社会制度的基础 [M]. 北京：书籍出版社，1982：68.

控机制，提升国家对宏观经济的指导和监督力度。第三，改革银行体制，加强联合劳动组织在管理和监督银行业务中的作用。企业可以集资兴办银行，或以资金形式同银行联合，并直接参与银行的管理和监督。统计资料显示，1971—1975 年社会总产值年均增长 5.9%，工矿业和农渔业分别增长 7.9% 和 3.2%，1976—1980 年社会总产值年均增长 5.6%，年均工业产值增长率与农业产值增速分别为 6.8% 和 2%①，经济的发展速度相对减缓。而到了 20 世纪 80 年代后，经济发展几近停滞，1981—1988 年经济的平均增长率仅为 0.7%。20 世纪 80 年代末期，全国约 1/3 的企业处于亏损状态，2/3 的企业经营没有利润，1988 年社会总产值下降 2%，劳动生产率下降 1.2%，失业人数达 108 万，外债高达 202 亿美元，还伴随着严重的通货膨胀，自治制度已基本失去活力。

（五）市场经济改革（1988—1992）

1988 年 10 月，南共中央对 1974 年新宪法过分强调分权所带来的弊端进行讨论总结，对宪法进行修改和补充，摒弃了原先"协商一致"的原则，加强联邦的集中管理权和执法权。1989 年，皮特·马尔科维奇出任联邦政府总理，出台一系列改革措施以完善市场体制，如限制消费，减少国家行政干预，进口自由化，取消对私营企业进出口设备原料和居民外汇存取款限制，设定自贸区，引入竞争机制，进一步开放产品和劳务价格，等等。然而市场机制并未如预期般发挥作用，产生了严重的通货膨胀，政府采取了紧缩计划，却使很多享受国家补贴的企业破产，失业人数猛增。随着国内民族分裂主义势力抬头，前南最终在混乱中解体。

二、 前南社会主义自治制度发展的历史背景与宏微观特征

解放后初期，前南基本上照搬了"苏联模式"进行社会主义建设，通过各

---

①数据来源：前南联邦统计局，《前南（1945－1985）》，贝尔格莱德，1986：74 页；《前南统计年鉴》，贝尔格莱德，1987：94.

种措施手段加强国家对经济社会的调控和计划，在短时间内迅速稳定了国内形势并实现了经济社会的恢复和发展。但南共认为，国家所有制并不等同于社会主义公有制，只是社会主义公有制的初级形式。在此后的社会主义道路选择上，前南率先提出工人自治的思想，并逐步建立起一套与"苏联模式"截然不同的社会主义自治制度体系。学界一般把前南社会主义自治制度的发展历程分为三个阶段，包含1950年起的工人自治阶段，1963年起的社会自治阶段和1974年起的联合劳动阶段。本节将以历史发展路径为线索，对社会主义自治制度发展中的经济方面宏微观特征进行论述。

（一）社会主义自治制度发展的历史背景

前南社会主义自治制度的出现，与二战时期解放区工人自发地组织生产有密切联系。在解放区，工人占领了工厂主丢弃的工厂，并成立生产会议对工厂生产活动进行管理，在没有国家政策引导和当地政府支持的情况下，实现了生产活动的恢复和发展。"实际上不可能建立中央集权政府，各地人民群众自动地或在民族解放运动领导下建立政府，坚持下去，这就是自治民主制度最早的雏形。"[1]

20世纪40年代末，在与苏联集团不断交恶，而西方也没有提供足够援助的情况下，前南在国际上处于空前孤立的状态，经济社会发展遭遇严峻挑战。这种情况反而促使了前南国内的思想解放，全国上下开始重新审视"苏联模式"合理性，并对社会主义建设道路的选择进行广泛讨论。鉴于工人自治的良好经验和广大人民要求，南共在1949年就开始酝酿在企业的生产和劳动组织中加强工人的作用。铁托在听取部分政治局委员的建议后表示支持工人自治和成立工人委员会，并认为此举可有效抑制政府在经济管理过程中的"官僚主义"作风。1949年12月23日，前南经济委员会和工会联合会中央理事会联合签署了《关于在国营经济企业建立工人委员会及其活动的指示》，指示强调了工人在管理经

---

[1] 卡德尔. 民主与社会主义 [M]. 北京：人民出版社，1981：3.

济和进行经济监督中的作用，提出工人委员会要积极参加解决"企业的所有重大问题"。一周后在斯普利特水泥厂就成立了前南第一个由 13 名工人组成的工人委员会。紧接着，全国 215 个大企业成立了第一批工人委员会，进行工人自治的试点工作，为此后正式进行工人自治改革奠定实践基础。

（二）社会主义自治制度发展的宏观特征

1. 社会所有的生产资料所有制

在前南自治改革的三个阶段中，实行生产资料的社会所有制是前南社会主义建设中最具有特色的举措之一。马克思经典作家认为，无产阶级夺取政权后应把资本家的生产资料收归国有，建立生产资料国家所有制。苏联经过实践探索，将社会主义的公有制形式划分为生产资料的国家所有制和集体所有制两个主要部分。但前南认为，生产资料国家所有制虽然比生产资料私有制要优越许多，但是依然没有实现劳动者与生产资料的直接结合，"把国家所有制列为初级的最不发达的公有制形式的范畴，这可能是最确切的"①。产业工人并不能作为管理者和监督者而存在于生产组织之中，限制了工人生产创造的积极性，也不能实现马克思所说的消灭体力和脑力劳动者之间的差别。1950 年《工人自治法》应运而生，对工人自治的概念做出如下规定："工厂、矿山、交通运输业、商业、农业、林业、公用事业和其他国营经济企业，成为全民的财产，将由劳动集体代表社会，在国家经济计划的范围内，按照法律和其他法规确定的权利和义务进行管理。劳动集体将通过企业工人委员会和管理委员会，以及若干经济企业联合会组成的高级经济组织的工人委员会和管理委员会，来行使管理权。"②这一法令的出台标志着自治制度的建立，前南的生产资料所有制由国家所有制转变为社会所有制。

所谓生产资料的社会所有制，是指生产资料既不属于任何人，也不属于任

---

①马克西莫维奇. 公有制的理论基础［M］. 北京：中国社会科学出版社，1983：43.

②马细谱. 南斯拉夫兴亡［M］. 北京：社会科学文献出版社，2010：273.（"工人自治法"原文见《前南联邦人民共和国公报》1950 年第 43 期。）

何集体，同时也不归国家所有，而是属于整个社会所有的所有制形式。实现社
会所有制的具体措施就是推行自治改革，由劳动者结合成为自由人联合体，直
接参与到生产、管理和分配过程。综合来看，社会所有制具有如下几个特征。
第一，生产资料实现了社会所有制，为劳动解放奠定基础。第二，社会所有制
不是脱离了所有制权利的范畴，因为任何人在所有制权利的基础上既不能占有
社会劳动产品，也不能管理和支配社会生产资料，联合劳动才是占有的唯一基
础。第三，自治包含双重含义，一是共同占有生产资料的劳动者应成为管理的
主体，消除了雇佣劳动体制；二是企业成为独立的商品生产者，不受制于国家
权力机构，消除了国家占有生产资料对企业和劳动者的雇佣性质。因此，新的
社会关系是在作为民主基本原则的社会自治中实现的。第四，在生产资料社会
所有制的基础上实现按劳分配。

2. 社会主义自治的商品经济

前南的社会主义自治制度是建立在商品经济的基础上的，却又与资本主义
的商品经济相区别。在社会主义制度下，商品经济是否有必要继续保留是解放
后前南学界争论的热点问题。一些学者认为，社会主义条件下的商品货币关系
只是旧社会的残余，基德里奇写道："商品生产与商品交换在社会主义革命之后
只是资本主义的残余"[1]，"我们应当明白，价值规律、商品生产和分配，都是崭
新的社会主义建设情况下明显的旧社会的残余"[2]。但随着工人自治制度不断发
展并形成新的社会关系，"残余"论者也逐步转变对商品货币的理解。有学者认
为，商品经济和自治制度并非相互矛盾，在一定生产力水平下，自治制度需要
建立在商品和市场的物质基础上，"经济中的工人自治才开始更好地形成的。市
场使经济单位及其自治机构的主动性和独立性得到更好的表现，并通过这种方
式使建立在经济中工人自治基础上的新的社会关系得以全面地形成[3]"。

①博·基德里奇. 我国过渡时期的经济论纲 [J]. 共产党人，1950 (6).
②博·基德里奇. 关于新的经济法令的草案 [J]. 共产党人，1951 (4–5).
③尼·乔别里奇，等. 我国市场问题 [J]. 经济学家，1954 (3–4).

1958 年，前南全面推行"收入制度"改革，企业和劳动者在收入分配上拥有更多话语权，工资、利润等经济范畴不再被使用，而分别为各种收入概念所取代。前南经济学家马尔塞尼奇指出，商品生产是与社会主义自治的加强同时发展并得到确认的，并且构成了现有物质条件下和经济发展水平上的不可分割的社会进程，是社会主义社会经济关系的组成部分，具有了新的历史形式①。社会主义自治的商品经济的特征可归纳如下：第一，在生产资料社会所有制的情况下，劳动者与生产资料实现了直接结合，企业成为相对独立的商品生产者。第二，在社会主义自治的商品经济中，劳动力不再是商品，他们将从新创造的价值中拿出一部分作为个人收入，工资概念和雇佣关系不复存在。第三，联合劳动基层组织经营活动的动机是创造收入，产品价值不再由不变资本、可变资本、剩余价值三要素构成，而是转变为收入和物质消耗二因素，商品生产者的目的也随之改变为尽可能减少物质消耗和尽可能创造更多的收入。第四，社会主义自治的商品经济的生产组织基本形式是联合劳动基层组织，它既表现了经济的商品性质，又表现了生产关系的自治性质。商品生产者之间的矛盾，可以通过自治协议和社会契约来解决。

3. 计划与市场并存

纵观前南经济改革过程，政府对于经济的管控先后经历了 1945 至 1950 年高度集中的管理计划阶段，1950 至 1971 年下放分权阶段和 1971 年后在联合劳动和"代表团制"基础上重新集中的阶段，与此相对应的，市场机制对经济发展的影响也起到愈发重要的作用。随着改革进程的不断推进，政府逐步放开了对商品价格的控制，市场经济中的价格机制作用日趋显现。其中，1965 至 1971 年的改革重点是开始实行市场经济，主张取消国家对经济的控制，特别是取消对投资决策的控制。1967 年 8 月，联邦通过法案，规定劳动组织可以根据市场的情况自主确定自己的产品价格，劳动组织在制定价格时，要遵守社会契约和自

---

①马尔塞尼奇. 前南经济制度 [M]. 北京：人民出版社，1981：115.

治协议的协调,并关心经济全局的稳定。社会共同体通过价格登记,规定最高价格和冻结价格等办法来直接监督价格,实行这种价格体制是为了更好地发挥市场调节的作用。

在论述社会主义自治制度中计划与市场关系时,前南学界并未把市场和计划作为两个相互对立的范畴,而是认为二者都是社会主义经济中不可分割的两种机制。马尔塞尼奇认为:"市场机制的特点是,无论它在什么社会条件下发挥职能,都是起辅助作用的……在一些经济活动部门(例如消费品生产部门),市场是供求的特别有效的调节者,而在某些其他部门(例如消费品生产部门)则十分无效。"[1] 南共联盟纲领指出,相对自由和同时受到监督的市场应该是社会计划和经济政策的手段之一。市场机制发挥作用的同时,政府须对市场实施有效控制和监督,让市场成为一种有效的计划化工具。卡德尔对此有深刻表述:"在社会主义自治条件下,计划工作和计划的经济社会内容首先必须表现为用社会资料进行劳动的权利,表现为支配共同的即社会的劳动资料、支配各级联合劳动和整个社会新创造的收入的权利、相互义务和责任……社会计划必须按照联合劳动及整个社会共同利益和发展的需要,对这些生产资料的集中过程进行协调和指导……其目的首先是实现社会职能,即实现国家通过计划来调节物质发展进程和社会发展进程的宪法职权和义务……自治计划是由联合劳动组织以及其他自治组织和共同体在本身内部自由制定的……是工人对生产资料、收入和整个社会再生产制度的自治监督的表现。"[2]

(三)社会主义自治制度发展的微观特征

1. 以联合劳动为特征的劳动组织

在前南改革历程中,始终是以实现"自由人联合体"的社会为长远目标。社会主义自治制度背景下,工人自治的组织形式可分为三个层面:第一,联合劳动基层组织,这是生产的基层单位,也是自治的基层单位,相当于小厂或大

---

[1]马尔塞尼奇. 前南经济制度 [M]. 北京:人民出版社, 1981:102 - 103.
[2]卡德尔. 南斯拉夫计划制度 [M]. 北京:北京出版社, 1979:21 + 24 + 49 + 50.

厂的车间；第二，联合劳动形式的劳动组织，由若干个联合劳动基层组织联合组成的，相当于大厂或者总厂；第三，联合劳动复合组织，由若干个联合劳动组织联合组成的，相当于联合企业。根据 1976 年颁布的《联合劳动法》，一个劳动组织内的各联合劳动基层组织之间、一个联合劳动复合组织内的各劳动组织之间都签订自治协议，规定它们之间联合劳动和资金的办法、相互间的权责、收入分配、产品价格等信息。各组织间相互协调、相互支援，如某组织出现经营困难，其他组织有义务帮助，受援组织有义务制定计划和措施，尽快解决问题。同时，生产组织同各级政府机关之间、各共和国之间也订立社会契约，以保证整个社会有计划有协调地发展。如果生产组织损害社会利益或不执行法定义务，区、共和国的议会可在职权范围内，解散该组织的工人委员会。如果联合劳动组织的分配方法破坏按劳分配原则，或妨碍再生产进程，议会可依法采取措施，以确保按劳分配原则的实施和社会再生产的顺利进行。

前南认为社会主义建设须发扬社会主义民主，强调生产者的自由联合，建立"自由人联合体"的社会形态。关于自治组织中的联合劳动，卡德尔认为："联合劳动的本质和性质首先表现在有权使用社会所有的生产资料从事劳动的人与人之间现有同等权利的相互关系上。这一点首先体现在他们之间收入方面的复杂和依从的关系上。收入关系必然表现出社会主义自治联合劳动的内容……工人直接有权集体地、平等地和民主地同本联合劳动基层组织的全体工人管理社会所有的全部收入，并通过这种方式把自己的劳动和资金同所有其他工人和劳动组织自由地进行联合，把劳动和生活的共同利益同他人互相联成一体。"[1]所谓联合劳动，并非许多个体进行的共同活动，而是在组织和社会经济方面实行社会再生产的统一，劳动者在社会分工和社会再生产过程中，彼此形成相互联系、相互依赖、相互负责的关系，充分体现了生产过程的社会性。联合劳动制度是建立在按劳分配基础上的，劳动者只能按照自己的劳动贡献大小参与劳

---

[1]卡德尔．卡德尔论文选［M］．北京：外语教学与研究出版社，1986：523．

动成果分配的过程，人的劳动是使用生产资料以及获得社会劳动产品、资金的
唯一基础。工人集体的管理权先后拓展到对本企业的生产、计划和收入分配等
各项事务，全国成立了各级联合劳动组织和自治利益共同体、地方共同体等自
治组织，进一步加强生产者的自由联合。

2. 联合劳动中的收入分配

前南取消了被认为是与资本主义生产方式相联系的工资和利润等范畴，取
而代之的是企业收入和个人收入等范畴，并实行按劳分配的收入分配原则。前
南宪法赋予工人决定收入分配的权利，收入是"属于社会所有制的资金"的组
成部分，"工人在联合劳动基层组织中根据自己的由宪法规定的权利，决定收入
的分配"[①]。与资本主义生产方式中资本家对利润的追求不同，社会主义自治制
度下联合劳动基层组织从事经济活动的动机是获取纯收入，即剔除了各种成本、
税款以及社会事业支出等费用的剩余部分。纯收入在基层组织和劳动者间进行
分配，形成如下四种形式：第一，满足劳动者个人的生活和消费需要，属于个
人收入部分；第二，为企业改进生产过程和扩大再生产提供资金支持；第三，
适量储蓄，与企业再生产周期相适应，备做经营不时之需；第四，用于社会共
同的和一般的消费拨款，如教育、文化、保健、退休保障等社会消费形式。

单个社会成员所获得的个人收入主要取决于三个要素：第一，劳动集体作
为商品生产者所实现的收入总额；第二，已实现的收入专项分配为积累资金和
个人收入基金；第三，这笔个人收入基金分配给个人的方式和标准。"联合劳动
基层组织每个工人的个人劳动生产率只是确定他个人收入水平的一个，但不是
唯一的标准。第二个同样重要的标准是社会劳动生产率……应该将个人收入的
增长降低到社会劳动生产率的增长水平以下。"[②] 工人个人收入的增加，取决于
劳动组织中每个工人劳动生产率的提高和整个社会劳动生产率的提高。非生产

---

① 内部发行. 南斯拉夫社会主义联邦共和国宪法 [M]. 北京：法律出版社，1963 年版。详见：《前南社会主义联邦共和国宪法》第 12、17 条。

② 马尔塞尼奇. 前南经济制度 [M]. 北京：人民出版社，1981：269 - 270.

性部门如在教育、文化等领域工作的劳动者，原则上与生产线部门的劳动者处于同等地位。他们有权自由地联合自己的劳动，直接或间接地同利用他们成果的人商定自己的劳动报酬，收入分配权责与其他劳动者一样，是自由独立的。

三、 社会主义自治制度的马克思主义理论基础

从二战后解放到 20 世纪 90 年代解体，前南联邦虽然仅存在不到 50 年的时间，却逐渐形成了一套完整、独特的社会主义自治体系，开辟了一条具有时代特色的社会主义建设道路。社会主义自治改革期间，前南经济先后经历恢复期、快速发展期、不稳定发展期和衰落时期，最终的改革失败和解体并不能简单归咎于经济体制上的缺陷，而是由国际环境、地缘政治、国内民族矛盾等多方面因素所导致。在一些学者看来，前南推行独有的社会主义自治制度，实际上与马克思主义理论对社会主义社会的理论探讨最为接近。前南学界也对改革的理论基础问题做了一系列阐述，正如卡德尔所说："自治不是我们的某种特殊的思想上或理论上的创造。它一向是社会主义这个概念的不可分割的组成部分。它存在于巴黎公社，存在于列宁的苏维埃，存在于像我国革命这样的群众性的一切伟大的社会主义革命之中。"[①] 本节将论述社会主义自治制度的马克思主义理论基础，就工人自治思想、国家消亡理论、自由人联合体理论三个方面进行探讨。

（一）马克思的工人自治思想

南共认为，在马克思主义学说中，就有关于工人自治思想的论述，自治并非前南的独创。它不仅借鉴于马克思主义经典著作，而且从 1871 年法国巴黎公社运动的"工人管理"、1917 年俄国十月革命时期的"工人管理"思想以及 1919 年匈牙利苏维埃革命中"工人监督委员会"中汲取营养。马克思在《国际

---

①苏绍智，郭树清. 南斯拉夫社会主义自治制度与马克思主义理论的关系 [J]. 当代国外社会主义问题，1984（2）.
（详见：卡德尔 1974 年 5 月 1 日同《劳动报》记者的谈话。）

工人协会共同章程》第一句话就指出："工人阶级的解放应该由工人阶级自己去争取。"① 在分析巴黎公社"工人管理"时，马克思对人民权利本质做了经典表述，公社意味着"通过人民自己实现的人民管理制"②。列宁全面论证和发展了马克思这一思想，他指出："对我们来说，重要的就是普遍吸收所有的劳动者来管理国家。这是十分艰巨的任务……我们的责任在于大力帮助群众立即亲自去做这件事情。"③ "难道除了通过实践，除了立刻开始实行真正的人民自治以外，还有其他训练人民自己管理自己，避免犯错误的方法吗？"④

解放后，前南暂时在国内推行集中计划的"苏联模式"。但前南领导层认为，社会主义革命消除了阶级对立并将最终实现共产主义，那么这场革命就必须由作为历史主体的工人阶级自己发动和领导，而不是由国家和党去垄断和包办。1948 年 11 月，铁托在讲话中说道："人民的地方自治是我们人民中发展一切创造力量的动力。"⑤ 工人阶级应当在社会发展中发挥其主导作用，国家须切实保障劳动者参加管理、制定决策，这就需要实行最大限度的社会主义自治民主制度，充分发挥人民群众的创造力和劳动热情。1950 年，铁托在议会通过《工人自治基本法》时强调指出："今天，我们在自己的国家里建设社会主义，我们不要抄袭任何刻板公式，而是要考虑到我国的特殊条件，遵照马克思主义科学和思想来走自己的道路。"⑥

（二）国家消亡理论

马克思主义经典作家认为，国家范畴同社会阶级划分一样，都是一个历史的范畴。在《新莱茵报·政治经济学评论》第四期中，马恩指出："共产党人认为，废除国家的意思只能是废除阶级的必然结果，而随着阶级的废除，自然就

---

①马克思，恩格斯. 马克思恩格斯选集：第二卷 [M]. 北京：人民出版社，1973：136.
②马克思，恩格斯. 马克思恩格斯选集：第二卷 [M]. 北京：人民出版社，1973：382.
③列宁. 列宁选集：第三卷 [M]. 北京：人民出版社，1992：483.
④列宁. 列宁选集：第三卷 [M]. 北京：人民出版社，1992：319.
⑤1948 年 11 月 26 日铁托在克罗地亚共产党第二次代表大会上的讲话。
⑥佩特拉诺维奇，什特尔巴茨. 社会主义前南史：第二卷 [M]. 贝尔格莱德：工人出版社，1977：324.

没有必要用一个阶级的有组织的力量去统治其他阶级了。"① 后来，恩格斯在《反杜林论》中进一步阐述了国家消亡的理论："当国家终于真正成为整个社会的代表时，它就使自己成为多余的了……国家真正作为整个社会的代表所采取的第一个行动，即以社会的名义占有生产资料，同时也是它作为国家所采取的最后一个独立行动。那时，国家政权对社会关系的干预将先后在各个领域中成为多余的事情而自行停止下来。那时，对人的统治将由对物的管理和对生产过程的领导所代替。国家不是'被废除'的，它是自行消亡的。"② 列宁也曾就国家消亡理论做出论述："消灭国家权力是以马克思为首的一切社会主义者的目的。不实现这个目的，真正的民主主义即真正的平等和自由是不能实现的。只有苏维埃的或无产阶级的民主才能实际达到这个目的，因为它吸引劳动者的群众组织经常参加国家管理，为国家的完全消亡做好准备。"③

基于马恩国家消亡理论，马尔塞尼奇论述工人自治时说道："建设社会主义要求尽早地实现社会主义革命和无产阶级国家第二部措施，使社会尽早地组织生产者的自治联合，使生产资料转归直接生产者本人所有，由他们作为社会收入的创造者来支配社会收入。生产资料的国有化，不过是社会主义革命的第一步，但是具有国家（行政）社会主义形式的整个制度不应该停滞不前，而应该从第一步走向第二步——走向生产者自治，走向国家及其职能的消亡（首先在剩余劳动分配方面）。没有后一步，就始终有可能甚至不可避免地使社会主义革命变质，也就是说，从社会主义革命中产生的不是社会主义而是国家资本主义。"④ 前南认为，推翻旧政权后，客观上需要一个权力高度集中的时期，由国家代表全体工人进行计划制定和监督，国家在国防、经济发展总计划制定、外交等方面的作用短时间内依然无法替代，国家政权也依然是维护社会自治制度必不可少的工具。但是，这种时期如果拖延太久，国家就容易从工人阶级的工

---

① 马克思，恩格斯. 马克思恩格斯全集：第七卷 [M]. 北京：人民出版社，1959：339.
② 马克思，恩格斯. 马克思恩格斯选集：第三卷 [M]. 北京：人民出版社，1992：320.
③ 列宁. 列宁全集：第二十八卷 [M]. 北京：人民出版社，1960：443.
④ 马尔塞尼奇. 前南经济制度 [M]. 北京：人民出版社，1981：99.

具变为工人阶级的主人。无产阶级专政，不意味着经济社会被独裁、集权的国家垄断。当中央集权的国家成为经济社会发展的阻碍力量，国家就开始自动地逐步消亡。铁托指出，国家的消亡首先由"其经济职能"、由生产者管理生产、由经济职能逐渐从国家转移到工人集体开始的，不过这种变化不是突然的、跳跃的，而是逐渐的。当所有的经济事务都由生产者自己管理的时候，国家在经济方面的职能也就没有必要存在了。

（三）自由人联合体理论

南共六大后，基于马克思关于"自由人联合体"的理论以及国内社会主义建设道路选择，前南逐步建成了一套以联合劳动为特征的经济体系。马克思主义经典著作曾对联合劳动、自由人联合体等相关范畴进行了阐述，《共产党宣言》中，马恩指出："代替那存在着阶级和阶级对立的资产阶级旧社会的，将是这样一个联合体，在那里，每个人的自由发展是一切人的自由发展的条件"，未来社会将生产集中在"联合起来的个人的手里"[1]。马克思也曾对共产主义社会做了一些设想："一个自由人的联合体，他们用公共的生产资料进行劳动，并且自觉地把他们许多个人劳动力当作一个社会劳动力来使用。"[2] 马克思认为，生产者自由平等地进行联合劳动，表现在实现了生产资料与劳动力直接结合的新型生产关系中，"生产资料的全国性的集中将成为自由平等的生产者的联合体所构成的社会的全国性基础，这些生产者将按照共同的合理的计划自觉地从事社会劳动"[3]。

基于此，前南学界对具体如何实现自由人联合体进行论证。前南经济学家基德里奇指出："真正的社会主义建设在原则上要求发展社会主义民主，并敢于把国家社会主义改变成直接生产者的自由联合。再把国有制改变成在直接生产

①马克思，恩格斯. 马克思恩格斯全集：第十二卷 [M]. 北京：人民出版社，1974：4.
②马克思，恩格斯. 马克思恩格斯全集：第二十三卷 [M]. 北京：人民出版社，1972：95.
③马克思，恩格斯. 马克思恩格斯选集：第二卷 [M]. 北京：人民出版社，1972：454.

者管理下的全民财产的过程中，社会主义商品交换的普遍规律性重新表现出来。"[①] 为了实现这种联合体，就需要首先发展联合劳动形式，即推动国家所有制向社会所有制的转变。在生产资料社会所有的情况下，劳动者与生产资料直接结合，工人直接参与生产、分配、监督、管理等过程，进而消除异化劳动、脑力劳动体力劳动差异以及雇佣关系等一系列历史范畴，实现社会所有制下的联合劳动。

四、 我国学界对前南社会主义自治制度的评述

在社会主义建设道路上，前南创新性地实行与传统"苏联模式"不同的"工人自治"、"社会所有制"、"联合劳动"等政策，取得了瞩目的经济成效。但随着国内外形势波动和改革不断推进深化，前南经济在解体前也出现了严重的债务危机、高失业率、高通胀等问题。20 世纪后三十年，我国面临着一系列经济问题和改革压力，理论界对中国未来发展之路众说纷纭，其中就有很多学者注意到东欧特别是前南的社会主义自治改革，并对此展开充分的讨论。基于改革结果导向，我国学界对于前南改革的评述也主要分为两个层面，一是肯定了改革的理论创新和阶段性实践成果；另一方面则对改革中出现的种种问题进行分析和反思。本节将以此为划分依据，对我国学界就前南改革的观点做简要评述。

（一） 对前南经济改革的肯定观点

1. 对改革中理论创新的肯定和赞同

有部分学者对前南放弃实行"苏联模式"的原因进行探讨，否认了前南实施"工人自治"和社会所有制仅仅是因为被苏联孤立和对大国沙文主义的反制措施。而是认为前南的社会所有制改革是马列主义理论同自己本国情况的密切

---

①基德里奇. 论我国过渡时期的积极性 [J]. 共产主义者周报，1950（6）.

结合的大胆尝试与创新，前南从马克思设想的自由平等的生产者联合制度探索适合当前生产力水平的公有制形式，突破了关于国家所有制形式是公有制唯一形式的传统观念，对社会主义国家的经济体制改革提供了一定的参考价值。社会所有制虽然受到种种主客观因素的限制，如商品生产的存在，旧式的分工并未完全消除，劳动者主人翁意识和社会总体意识需要继续培养和提高等等，但不应忽视前南改革的实践是对马克思关于社会所有制的丰富和发展，其可贵之处就在于南共敢于从社会实践中总结新的经验，概括新的理论，在不断发展社会主义制度的同时也不断丰富了马克思主义的理论。有学者对《联合劳动法》予以高度评价，认为《联合劳动法》的颁布与实施，在实现马克思主义理论进程中有巨大的理论意义和现实意义，对科学社会主义、共产主义运动和整个人类社会发展也有着不可低估的影响。

2. 对改革中实践意义的高度评价

许俊基认为前南建立了一套比较完整的社会主义自治制度，并使之成为基本的经济制度和社会制度，其具有深厚的社会、历史和理论基础，是马列主义与前南具体情况相结合的产物，坚持了社会主义方向，坚持了工人阶级及其政党的领导，在实践中自治制度显示出很大的优越性。有学者总结了前南前三十年社会主义改革取得的巨大成就，认为其根本原因在于实行了社会主义自治制度，在经济领域充分遵照客观规律，为发展社会主义商品经济服务，解决企业生产积极性问题；贯彻按劳分配原则，激发劳动者生产热情；将国家所有制变为社会所有制，有效抑制了官僚主义特权阶级的产生，宣扬了社会主义"直接民主"制。理论与实践结合，从而正确解决了上层建筑与经济基础、生产力与生产关系间的矛盾，促进了社会生产力的迅速发展。还有学者认为，前南的所有制改革虽然仅仅是直接社会性的社会主义所有制的初级发展形式，但随着物质基础的不断壮大和生产力的日益发展，劳动者与生产资料的直接结合将更为紧密。我国与前南同属社会主义国家，前南关于社会所有制的理论和实践，对于我国的经济管理体制改革与生产关系改革都有一定的参考价值。

（二）对南斯拉夫改革中问题的反思

国内部分学者对前南改革过程中的做法提出质疑，认为改革在理论上存在教条主义和"本本主义"，在实践上则犯了"左"的错误，理论与实际严重脱节，最终造成改革的彻底失败。

1. 对生产资料社会所有制合理性的质疑

在前南自治改革中，南共创新性地采用了区别于国家所有制的生产资料社会所有制，这种独特的生产资料所有制使生产资料既不属于国家，也不属于集体，同时也不属于个人，而是属于全体劳动者，属于整个社会，这是一种否定任何所有权的非所有制，消除了任何所有制垄断，实现了人们在占有生产资料方面的平等。在实践应用中，部分学者却对社会所有制提出质疑。有学者认为，这种没有所有制的体现者的所有制，实际上成了无人负责的"无主所有制"。生产资料的非所有制性质导致了企业的反常经济行为，如有权无责、轻积累而重消费等。在产权不明确时率先引进了以产权为中枢的市场机制，结果就是无产权，即无基础的市场机制导致了更加消极的后果，在产权界定不清的情况下，利益和责任也界定不清。这种没有明确产权制度的社会所有制无法适应权力分散的市场调节的经济运行机制的要求，其结果必然是行为短期化和宏观经济失控。从社会主义所有制的整个发展来看，自治发展依然处于低水平阶段，由于生产力发展水平的限制，纯粹的社会所有制不可能在现阶段实现。

2. 对社会主义自治制度的质疑

理论角度上，有学者认为，前南的社会所有制与马克思对未来社会生产资料的设想还有很大区别。马克思所设想的单一的社会所有制是建立在生产力水平高度发达，商品货币关系不存在，以及国家消亡的基础上的。而前南依然处于社会主义过渡时期，显然不具备这些条件，在此情况下强推社会所有制，只能是一种迁就和靠近，是前南的社会所有制理论存在某种超阶段的色彩，是它在具体实施过程中把并不存在或并不成熟的条件当作已经具备的东西来对待。实践角度上，有学者认为前南在市场问题的改革中，被"姓资姓社"的框架束缚了手脚，不能使改革沿着利于生产力发展的轨道走下去。社会主义自治制度靠自下而上层层协商达成协议、签订契约合同，没有任何约束力可言，任何一方都可以找借口拒绝实施。在前南实际上形成了既无市场又无计划的局面，使国民经济发展处于无序失控状态，生产力发展严重受阻。还有学者认为，自治制度导致企业和地方权力过大，国家权力过小，分散太多，集中太少，国家缺乏必要的调节与控制宏观经济平衡发展的手段。这种自治还削弱了联邦权力，扩大共和国和自治省的权力，导致地方集权主义产生。与此同时，却以社会契约的形式强化企业对行政机关的从属关系和行政机关对企业的微观干预，造成了"多中心"的国家主义，割裂了国内市场，使统一市场始终未能形成。并且，由于"协商一致"是自治体制的重要原则，国家和社会的任何重大原则都需经过共和国和自治省的协商一致方能决策，导致对问题处理观点莫衷一是，难以实施。这也是社会主义自治制度失败的重要原因。

3. 对提出国家消亡理论的质疑

理论层面上，许多学者认为国家消亡理论大大超越了前南的发展阶段，因而难以取得成效。过早地提出国家消亡理论是超越阶段、脱离现实的地地道道的"左"倾表现。实践层面上，有学者认为，前南超阶段地提出国家消亡理论并在实践上实施，对经济社会的稳定发展造成极大损害。在社会所有制和工人自治发育并不健全的情况下，国家贸然削弱了宏观调控的权力。一旦经济运行出现障碍或危机，放权和分散所具备的优势也就难以发挥。此外，前南拥有复杂的历史和民族问题，这种国家消亡理论在政治上不可避免地造成了分散性和地方性，大大削弱了国家的权威和作用，使联邦逐渐失去了凝聚力和向心力，不仅没有为经济社会发展提供稳定条件，反而为日后的国家分裂和解体埋下隐患。

4. 对改革失败的总结和反思

前南最终走向解体，社会主义自治改革也因此宣告失败。我国学界对此也进行了深入总结和反思，以期为我国未来社会主义建设提供参考。有学者总结了失败的深刻教训，认为在未来的社会主义建设道路上，我们需正确认识社会主义发展阶段，根据本国国情和时代特征实事求是地制定路线方针政策，防止极端民主化和无政府主义滋生，建立与社会主义市场经济相适应的所有制形式与市场机制，并加强党的自身建设，坚持共产党的领导。还有学者结合了苏联和前南两种社会主义道路失败，从党的建设角度上提出社会主义国家既不能把共产党的领导地位绝对化、极端化，也不能把共产党的地位降低到社会政治团体的水平，而是应该充分发挥共产党领导作用的同时大力加强民主建设，逐步实现政治的民主化。

五、 研究展望

前南的社会主义自治改革，虽然最终走向失败，虽然改革过程中的一些经济思想有"超越阶段"的色彩，但依然可谓是十分具有创造性的探索，大胆开辟了一条不同于集中计划的"苏联模式"的社会主义建设道路。理论来源于实践，实践需要正确的理论做指导，在生产力高度发展的二十一世纪，科学技术进步很大程度上挑战了传统生产方式和生产关系，出现了一批诸如"共享"、"创客"等新经济范畴。时至今日，我国的社会主义改革也进入了深水期，亟须一些契合时代特征的先进经济理论对未来我国的社会主义建设道路指明方向。研究前南改革的经济思想和经验教训，对于当今中国的经济体制改革有一定借鉴意义。在未来的社会主义建设中，我们应该始终坚持以马克思主义经济理论作为指导，坚持党的领导。虽然目前我国还不具备"重新建立个人所有制"的条件，但我们却应当以其为目标，脚踏实地地进一步推进生产力水平提升，并在此基础上积极探讨和发展社会主义经济体制改革理论，为中国特色社会主义经济理论进一步发展做出贡献。

参考文献

[1] 陈华山. 试析原前南"自治"经济体制最终失败的原因 [J]. 东欧中亚研究，1996 (4).

[2] 朱行巧. 前南早期经济改革：经验与启示 [J]. 国际经济评论，1998 (1).

[3] 王义祥. 前南经济改革的历史教训 [J]. 今日前苏联东欧，1994 (6).

[4] 程恩富，李新，朱富强. 经济改革思维－东欧俄罗斯经济学 [M]. 北京：当代中国出版社，2002：134－137、148－152.

[5] 张德修. 前南自治商品生产理论与经济体制改革 [J]. 经济科学，1984 (6).

[6] 杨元格. 前南的社会主义自治制度 [J]. 世界经济，1978 (2).

[7] 程玉英. 前南社会所有制的建立和发展 [J]. 经济问题，1987 (4).

[8] 江春泽. 马克思关于社会所有制的设想与前南实践 [J]. 世界经济文汇，1983 (2).

[9] 仝志敏.《联合劳动法》——指导自治联合劳动的法典 [J]. 马克思主义研究，1986 (4).

[10] 许俊基，李直，朱世良. 前南的社会主义自治制度 [J]. 辽宁大学学报：哲学社会科学版，1978 (5).

[11] 潘达钧. 前南经济高速发展主要原因的探讨 [J]. 青海师范学院学报：哲学社会科学版，1979 (2).

[12] 许一经，王松年. 前南的生产资料社会所有制 [J]. 上海师范大学学报：哲学社会科学版，1981 (1).

[13] 杨荫滋. "左"倾错误与前南自治制度的失败 [J]. 当代世界社会主义问题，1992 (4).

[14] 林金锭，李义平. 从前南社会所有制的理论与实践看产权制度的改革 [J]. 经济学家，1989 (4).

[15] 陈长源. 关于前南社会所有制的矛盾 [J]. 苏联东欧问题，1986 (3).

[16] 雷琳. 理论设计的超阶段——前南社会主义改革失败探源之二 [J]. 新疆师范大学学报：哲学社会科学版，1999 (3).

［17］庞川，兆伊正．前南经济陷入困境的教训［J］．计划经济研究，1983（24）.

［18］吴敬琏，刘吉瑞．论竞争性市场体制［M］．广州：广东经济出版社，1989.

［19］赵乃斌．前南社会主义自治制度失败的原因和教训［J］．东欧中亚研究，1992（4）.

［20］张利华．前南社会主义自治道路的经验教训［J］．当代世界社会主义问题，1994（4）.

［21］张利华．苏联、前南社会主义模式比较［J］．清华大学学报：哲学社会科学版，2001（5）.

（作者单位：南京财经大学经济学院）

征稿函

  《经济思想史研究》是由中国社会科学院中国文化研究中心、武汉大学马克思主义理论与中国实践协同创新中心、中国特色社会主义经济建设协同创新中心联合创办的理论读物，主要发表经济思想史学科的论文、译文、综述、书评以及经济学家学术访谈。本刊欢迎马克思主义政治经济学思想史、西方经济学思想史、中国古代和近现代经济思想史、中国当代经济思想等各个学科门类的经济思想史研究作品。

  本刊只接收电子邮件投稿，来稿以1万至2万字为宜，欢迎长稿。来稿请发送至编辑部电子邮箱（jjsxsbjb2018@163. com），我们将在收到稿件之日起一个月内通知作者是否录用，在此期间请勿另投他处，否则由此引起的一切法律责任由作者自负。

  本刊采用匿名审稿制度，作者信息请单独附页，正文中请勿出现一切有可能泄露作者身份的信息。

  欢迎您的来稿，感谢您对本刊的关注和支持！

《经济思想史研究》编辑部

2019 年 1 月